Artă Culinara Sous Vide

Prepară și Uimește-ți Papilele Gustative

Andrei Dumitrescu

Continuturi

Omletă din carne tocată 10
Frittata vegetariana simpla 12
Sandviș cu ouă și avocado 14
Ouă umplute 15
Oua fierte tari 17
Ouă murate 18
Ouă moi și chili 19
Ouă prăjite 20
Ouă omletă de mărar și turmeric 21
Ou poșat 22
Ouă în slănină 23
Ouă de roșii cherry 24
Pastrama Scramble 25
Shakshuka de roșii 26
Omletă cu spanac 27
Omletă cu rucola și prosciutto 28
Omletă cu ceapă primăvară cu ghimbir 29
Degete italiene de pui 30
Mușcături de pui cu cireșe 32
Pâine prăjită cu scorțișoară și curmal 34
Aripioare de pui cu ghimbir 35
Friptura de vita 37
Verdure Umplute 38
Pannini cu cârnați italieni Herby 39

Anghinare cu lămâie și usturoi 41
Gălbenușurile Panko sunt crochete 42
Hummus cu chili 43
Tobe de muștar 44
Rotunde de vinete cu fistic 45
Dip de mazăre verde 46
Cartofi pai 47
Salata de curcan cu castraveti 48
Bile de ghimbir 49
Biluțe de cod 50
Morcovi bebelusi glazurati 52
Aripioare de pui fierbinți 53
Briose cu ceapă și bacon 54
Coji de vin alb 56
Tamari porumb pe stiule 57
Scoici cu bacon 58
Aperitiv cu creveți 59
Ficat de pui tartinat 60
Legume de dovleac ghimbir 61
Cozi de homar 62
BBQ Tofu 63
Delicioși săraci cavaleri 64
Rață dulce și condimentată 65
Rubarbă Murată Sous Vide 66
Chiftele de curcan 67
Pulpe dulci cu roșii uscate la soare 68
Pui adobo 69

Chorizo cu fructe „Eat-me"..70
Pui si ciuperci in sos Marsala...71
Caise vanilie cu whisky..73
Hummus simplu picant..74
Toboșari de la Kaffir Lime..76
Piure de cartofi cu lapte cu rozmarin 77
Kebab dulce de tofu cu legume...78
File de pui la Dijon...80
Boia de ardei umpluta cu morcovi si nuci............................81
Rata portocala cu boia si cimbru 83
Ouă de curcan învelite în slănină 84
Sparanghelul se amestecă cu tarhon....................................85
Friptură de conopidă condimentată 87
Fâșii de cartofi Cayenne cu sos de maioneză......................88
Rață untoasă și dulce...90
Dulceata de unt..91
Quiche cu spanac și ciuperci 92
Porumb de unt mexican..94
Pară cu brânză cu nucă..96
Broccoli și piure de brânză albastră......................................97
Dovlecel cu curry 98
Cartofi dulci cu nuci 99
Sfeclă murată picant..100
Porumb condimentat..101
Boia și cartofi rozmarin...102
Pâine glazurată cu dovleac...103
Ouă de praz și usturoi...104

Dip cremoasă de anghinare 105
Dip cu brânză de ridichi 107
Dip de țelină 108
Sos BBQ picant 109
Sos Peri Peri 111
Sirop de ghimbir 113
Supă de pui 114
Sos Pomodoro de ceapa 115
Piure de ardei 116
Condimente de jalapeno 117
Supa de vită 119
Frec usturoi busuioc 121
Dressing balsamic cu miere și ceapă 122
Sos de rosii 123
Stoc de fructe de mare 124
Ciorba de peste 125
Sos de sparanghel cu mustar 126
Stocul de plante 128
Brânză Edamame Tabasco cu usturoi 130
Piure de mazăre cu ierburi 131
Piure de cartofi prăjiți cu salvie 132
Sparanghel uns cu unt cu cimbru și brânză 134
Delicios pastarnac cu glazura de miere 135
Sandviș cu cremă de roșii cu brânză 136
Salată de sfeclă de arțar cu nuci caju și Queso Fresco 138
Ardei brânză cu conopidă 140
Supa crema de dovlecei de toamna 142

Supă de cartofi de țelină și praz	144
Salată de verdeață cu lămâie cu afine	146
Porumb citrice cu sos de rosii	147
Ghimbir Tamari varza de Bruxelles cu susan	149
Salată de spanac cu sfeclă roșie	151
Usturoi cu menta verde	153
Varza de Bruxelles in vin alb	155
Salată de sfeclă roșie și brânză de capră	156
Supă de broccoli cu conopidă	158
Unt de mazare cu menta	160
Varza de Bruxelles in sirop dulce	161
Ridichi cu brânză de plante	163
Varză balsamică la abur	165
Roșii poșate	166
Ratatouille	167
Supă de roșii	169
Sfeclă înăbușită	171
Lasagna de vinete	172
Supa de ciuperci	174
Risotto cu parmezan vegetarian	176
Supă verde	177
Supă mixtă de legume	179
Wontons de legume cu paprika afumată	181
Preparat miso cu quinoa și țelină	182
Salată de ridichi și busuioc	184
Amestecul de boia	185
Coriandru turmeric quinoa	186

Fasole albă de oregano 187
Salată de cartofi şi curmale 188
Boia de ardei.. 190
Amestecul de legume de struguri... 191
Mâncare cu năut şi ciuperci cu mentă 192
Caponata de legume 194
Chard înăbuşită cu lime.. 195
Piure de legume rădăcinoase 196
Varză şi ardei în sos de roşii 197
Muştar linte şi preparat cu roşii 198
Piper orez pilaf cu stafide 200
Supa de chimion cu iaurt 201
Dovleac de vară untos... 203
Chutney cu ghimbir şi nectarine... 205
Confit de cartofi ruginii rozmarin 207
Crema de curry si nuca de cocos... 208
Piure moale de broccoli 209
Chutney delicios făcut din curmale şi mango 210
Salata de mandarine si fasole verde cu nuca 212
Crema de mazare verde cu nucsoara 213
Piure simplu de broccoli 214
Supă de broccoli cu ardei iute roşu 215
Porumb miso gras cu susan şi miere.. 217
Gnocchi cremos cu mazăre 219
Salată de mere şi rucola 220

Omletă din carne tocată

Timp de preparare + gătire: 35 minute | Porții: 3

Ingrediente:

1 cană carne macră de vită tocată
¼ cana ceapa tocata marunt
¼ linguriță de cimbru uscat, măcinat
½ linguriță de oregano uscat, măcinat
Sare si piper negru dupa gust
1 lingura ulei de masline

Traseu:

Încinge uleiul într-o tigaie la foc mediu. Adăugați ceapa și gătiți aproximativ 3-4 minute sau până când devine translucid. Adăugați carnea tocată și gătiți timp de 5 minute, amestecând din când în când. Se presara peste sare, piper, cimbru si oregano. Se amestecă bine și se fierbe încă un minut. Se ia de pe foc si se da deoparte.

Pregătiți o baie de apă și puneți Sous Vide în ea. Setați la 170F. Bateți ouăle într-un castron mediu și turnați într-o pungă care se etanșează în vid. Adăugați amestecul de carne tocată. Eliberați aerul folosind metoda de deplasare a apei și sigilați punga.

Scufundați punga în baia de apă și setați cronometrul pentru 15 minute. Purtați o mănușă și masați punga la fiecare 5 minute pentru a asigura o gătire uniformă. Când cronometrul s-a oprit, scoateți punga din baia de apă și transferați omleta pe o farfurie de servire.

Frittata vegetariana simpla

Timp de preparare + gătire: 1 oră 40 minute | Porții: 5

Ingrediente

1 lingura ulei de masline

1 ceapa medie, tocata marunt

Sarat la gust

4 catei de usturoi tocati

1 daikon, decojit și tăiat cubulețe

2 morcovi, curatati si taiati cubulete

1 pastarnac, curatat si taiat cubulete

1 cană de dovleac, curățați și tăiați cubulețe

6 grame de ciuperci stridii, tocate

¼ cană frunze de pătrunjel, proaspăt tocate

Un praf de fulgi de ardei rosu

5 ouă mari

¼ cană lapte integral

Trasee

Pregătiți o baie de apă și puneți Sous Vide în ea. Setați la 175F. Ungeți câteva sticle cu ulei. Dacă îl lași deoparte, îl ignori.

Încinge o tigaie cu ulei la foc mare. Adăugați ceapa roșie timp de 5 minute. Adăugați usturoiul și gătiți timp de 30 de secunde. Asezonați după gust cu sare. Se amestecă morcovii, daikonul, dovleceii și păstârnacul. Asezonați cu sare și gătiți încă 10 minute. Se adauga ciupercile si se condimenteaza cu fulgi de piper si patrunjel. Gatiti 5 minute.

Bateți ouăle și laptele într-un castron, adăugați sare. Împărțiți amestecul între pahare cu legume. Sigilați și scufundați borcanele în baia de apă. Gatiti 60 de minute. Când temporizatorul s-a oprit, scoateți sticlele. Se lasa sa se raceasca si se serveste.

Sandviș cu ouă și avocado

Timp de preparare + gătire: 70 minute | Porții: 4

Ingrediente:

8 felii de pâine
4 ouă
1 avocado
1 lingurita boia
4 lingurite sos olandez
1 lingura patrunjel tocat
Sare si piper negru dupa gust

Traseu:

Pregătiți o baie de apă și puneți Sous Vide în ea. Setați la 145F. Răzuiți carnea de pe avocado și zdrobiți-o. Se amestecă sosul și condimentele. Puneți ouăle într-o pungă sigilabilă în vid. Eliberați aerul folosind metoda de deplasare a apei, sigilați și scufundați punga într-o baie de apă. Setați cronometrul pentru 1 oră.

Când este gata, puneți imediat într-o baie de gheață pentru a se răci. Curățați și feliați ouăle. Ungeti jumatate din feliile de ou cu piure de avocado si intindeti cu felii de ou. Așezați feliile de pâine rămase deasupra.

Ouă umplute

Timp de preparare + gătire: 75 minute | Porții: 6

Ingrediente:

6 ouă

Suc de 1 lămâie

2 linguri patrunjel tocat

1 rosie, tocata

2 linguri masline negre tocate

1 lingura de iaurt

1 lingura ulei de masline

1 lingurita mustar

1 lingurita pudra de chili

Traseu:

Pregătiți o baie de apă și puneți Sous Vide în ea. Setați la 170F. Puneți ouăle într-o pungă sigilabilă în vid. Eliberați aerul folosind metoda de deplasare a apei, sigilați și scufundați punga într-o baie de apă. Setați cronometrul pentru 1 oră.

Când ați terminat, scoateți punga și puneți-o într-o baie de gheață pentru a se răci și decoji. Tăiați-l în jumătate și scoateți gălbenușul.

Adăugați restul ingredientelor în gălbenușul de ou și amestecați. Umpleți ouăle cu amestecul.

Oua fierte tari

Timp de preparare + gătire: 1 oră 10 minute | Porții: 3

Ingrediente:

3 ouă mari

Baie cu gheață

Traseu:

Pregătiți o baie de apă, introduceți Sous Vide și setați la 165F. Puneți ouăle în baia de apă și setați cronometrul pentru 1 oră.

Când cronometrul sa oprit, transferați ouăle într-o baie de gheață. Curățați ouăle. Serviți ca gustări sau în salate.

Ouă murate

Timp de preparare + gătire: 2 ore 10 minute | Porții: 6

Ingrediente:

6 ouă

1 lingura piper

Suc dintr-o cutie de sfeclă roșie

1 cană oțet

½ lingură de sare

2 catei de usturoi

1 frunză de dafin

¼ cană zahăr

Traseu:

Pregătiți o baie de apă și puneți Sous Vide în ea. Setați la 170F. Coborâți ouăle cu grijă în apă și gătiți timp de 1 oră. Folosind o lingura cu fanta, transferati-le intr-un castron mare cu apa rece ca gheata si lasati-le sa se raceasca cateva minute. Curata-l si pune-l intr-un borcan mason de 1 litru cu capac rabatabil.

Se amestecă celelalte ingrediente într-un castron mic. Turnați ouăle peste el, închideți-l și coborâți-l în baie. Gatiti 1 ora. Scoateți vasul din baia de apă și răciți la temperatura camerei.

Ouă moi și chili

Timp de preparare + gătire: 60 minute | Porții: 5

Ingrediente:

1 lingură pudră de chili
5 ouă
Sare si piper negru dupa gust

Traseu:

Pregătiți o baie de apă și puneți Sous Vide în ea. Setați la 147F. Puneți ouăle într-o pungă sigilabilă în vid. Eliberați aerul folosind metoda de deplasare a apei, etanșați și scufundați-vă în baie. Gatiti 50 de minute.

Când cronometrul s-a oprit, scoateți punga și puneți-o într-o baie de gheață pentru a se răci și a se solidifica. Stropiți ouăle cu condimente și serviți.

Ouă prăjite

Timp de preparare + gătire: 70 minute | Porții: 4

Ingrediente:

4 ouă
3 grame de bacon, feliate
5 linguri sos olandez
4 brioșe cu biscuiți
Sare si piper negru dupa gust

Traseu:

Pregătiți o baie de apă și puneți Sous Vide în ea. Setați la 150F. Puneți ouăle într-o pungă sigilabilă în vid. Eliberați aerul folosind metoda de deplasare a apei, sigilați și scufundați punga în baia de apă. Setați cronometrul pentru 1 oră.

După ce temporizatorul s-a oprit, scoateți punga și separați-o. Curățați ouăle și puneți-le deasupra brioșelor. Se stropesc peste sos si se presara sare si piper. Top cu bacon.

Ouă omletă de mărar și turmeric

Timp de preparare + gătire: 35 minute | Porții: 8

Ingrediente:

8 oua
1 lingură de pudră de turmeric
¼ cană mărar
1 lingurita de sare
Un praf de boia

Traseu:

Pregătiți o baie de apă și puneți Sous Vide în ea. Setați la 165F. Bateți ouăle într-un castron cu celelalte ingrediente. Transferați într-o pungă sigilabilă în vid. Eliberați aerul folosind metoda de deplasare a apei, sigilați și scufundați punga într-o baie de apă. Setați cronometrul pentru 15 minute.

Când cronometrul s-a oprit, scoateți punga și masați-o ușor pentru a se seta. Gatiti inca 15 minute. Scoateți cu grijă punga din apă. Serviți cald.

Ou poșat

Timp de preparare + gătire: 65 minute | Porții: 4

Ingrediente:

4 căni de apă

4 ouă boia de ardei

1 lingură maioneză

Sare si piper negru dupa gust

Traseu:

Pregătiți o baie de apă și puneți Sous Vide în ea. Setați la 145F. Puneți ouăle într-o pungă sigilabilă în vid. Eliberați aerul folosind metoda de deplasare a apei, închideți și scufundați baia. Setați cronometrul pentru 55 de minute.

Când cronometrul s-a oprit, scoateți punga și transferați-o într-o baie de gheață pentru a se răci și a decoji. Între timp, fierbeți apa într-o tigaie. Adăugați ouăle decojite și gătiți timp de un minut. În timp ce oul se gătește, amestecați celelalte ingrediente. Stropiți cu ouăle.

Ouă în slănină

Timp de preparare + gătire: 7 ore 15 minute | Porții: 4

Ingrediente:

4 oua fierte

1 lingurita de unt

7 grame de bacon, feliat

1 lingură muștar dijon

4 grame de brânză mozzarella, feliată

Sare si piper negru dupa gust

Traseu:

Pregătiți o baie de apă și puneți Sous Vide în ea. Setați la 140F. Ungeți baconul cu unt și piper. Puneți o felie de mozzarella deasupra fiecărui ou și înveliți ouăle și brânza în slănină.

Se unge cu muștar și se pune într-o pungă sigilabilă în vid. Eliberați aerul folosind metoda de deplasare a apei, sigilați și scufundați punga într-o baie de apă. Setați cronometrul pentru 7 ore. Când cronometrul s-a oprit, scoateți punga și transferați-o pe o farfurie. Serviți cald.

Ouă de roșii cherry

Timp de preparare + gătire: 40 minute | Porții: 6

Ingrediente:

10 ouă

1 cană de roșii cherry, tăiate la jumătate

2 linguri smantana

1 lingura arpagic

½ cană lapte

½ lingurita nucsoara

1 lingurita de unt

1 lingurita de sare

Traseu:

Pregătiți o baie de apă și puneți Sous Vide în ea. Setați la 170F.

Puneți roșiile cherry într-o pungă mare, sigilabilă în vid. Bateți ouăle împreună cu celelalte ingrediente și turnați peste roșii. Eliberați aerul folosind metoda de deplasare a apei, sigilați și scufundați punga într-o baie de apă. Setați cronometrul pentru 30 de minute. Când este gata, scoateți punga și transferați pe o farfurie.

Pastrama Scramble

Timp de preparare + gătire: 25 minute | Porții: 3

Ingrediente:

6 ouă

½ cană pastramă

2 linguri smantana groasa

Sare si piper negru dupa gust

2 linguri de unt, topit

3 felii de pâine prăjită

Traseu:

Pregătiți o baie de apă și puneți Sous Vide în ea. Setați la 167F. Amestecați untul, ouăle, smântâna și condimentele într-o pungă care se sigilează în vid. Eliberați aerul folosind metoda de deplasare a apei, sigilați și scufundați punga într-o baie de apă. Setați cronometrul pentru 15 minute. Când cronometrul s-a oprit, scoateți punga și transferați ouăle pe o farfurie. Serviți deasupra pâinei prăjite.

Shakshuka de roşii

Timp de preparare + gătire: 2 ore 10 minute | Porţii: 3

Ingrediente:

Cutie de 28 oz roşii zdrobite

6 ouă

1 lingura boia

2 catei de usturoi, tocati marunt

Sare si piper negru dupa gust

2 lingurite chimen

¼ cană coriandru tocat

Traseu:

Pregătiţi o baie de apă şi puneţi Sous Vide în ea. Setaţi la 148F. Puneţi ouăle într-o pungă sigilabilă în vid. Eliberaţi aerul folosind metoda de deplasare a apei, sigilaţi şi scufundaţi punga într-o baie de apă. Combinaţi restul ingredientelor într-un alt sac sigilat sub vid. Setaţi cronometrul pentru 2 ore.

Împărţiţi sosul de roşii în trei boluri. Când cronometrul sa oprit, scoateţi geanta. Curăţaţi ouăle şi puneţi câte 2 în fiecare bol.

Omletă cu spanac

Timp de preparare + gătire: 20 minute | Porții: 2

Ingrediente:

4 ouă mari, bătute

¼ cană iaurt grecesc

¾ cană spanac proaspăt, tocat

1 lingura de unt

¼ cană brânză cheddar, rasă

¼ lingurita sare

Traseu:

Pregătiți o baie de apă, introduceți Sous Vide și setați la 165F. Bateți ouăle într-un castron mediu. Se amestecă iaurtul, sarea și brânza. Puneți amestecul într-o pungă de vid resigilabilă și sigilați. Scufundați punga într-o baie de apă. Gatiti 10 minute.

Topiți untul într-o tigaie la foc mediu. Adăugați spanacul și gătiți timp de 5 minute. Dacă îl lași deoparte, îl ignori. Când cronometrul s-a oprit, scoateți punga, transferați ouăle într-un vas de servire. Ungeți cu spanac și îndoiți omleta.

Omletă cu rucola și prosciutto

Timp de preparare + gătire: 25 minute | Porții: 2

Ingrediente:

4 felii subtiri de prosciutto

5 ouă mari

¼ cana rucola proaspata, tocata marunt

¼ cană de avocado feliat

Sare si piper negru dupa gust

Traseu:

Pregătiți o baie de apă, introduceți Sous Vide și setați la 167F. Bateți ouăle cu rucola, sare și piper. Transferați într-o pungă sigilabilă în vid. Apăsați pentru a elimina aerul și închideți capacul. Gatiti 15 minute. Când cronometrul s-a oprit, scoateți punga, deschideți-o și puneți omleta pe o farfurie și acoperiți-o cu felii de avocado și prosciutto.

Omletă cu ceapă primăvară cu ghimbir

Timp de preparare + gătire: 20 minute | Porții: 2

Ingrediente:

8 ouă de crescătorie, bătute

½ cană de arpagic

1 lingurita de ghimbir, proaspat ras

1 lingura ulei de masline extravirgin

Sare si piper negru dupa gust

Traseu:

Pregătiți o baie de apă, introduceți Sous Vide și setați la 165F.

Într-un castron mediu, bate ouăle, ghimbirul, sare și piper. Transferați amestecul într-o pungă de vid resigilabilă și sigilați. Scufundați punga într-o baie de apă. Gatiti 10 minute.

Încinge uleiul într-o tigaie la foc mediu. Prăjiți ceapa primăvară timp de 2 minute. Când cronometrul s-a oprit, scoateți punga, deschideți-o și scoateți omleta într-o farfurie. Tăiați-o în felii subțiri, puneți o ceapă deasupra și serviți omleta împăturită.

Degete italiene de pui

Timp de preparare + gătire: 2 ore 20 minute | Porții: 3

Ingrediente:

1 kg piept de pui, dezosat si fara piele
1 cană făină de migdale
1 lingurita de usturoi tocat marunt
1 lingurita de sare
½ linguriță piper cayenne
2 lingurite ierburi italiene amestecate
¼ lingurita piper negru
2 ouă, bătute
¼ cană ulei de măsline

Traseu:

Clătiți carnea sub jet de apă rece și uscați cu prosoape de hârtie. Asezonați cu ierburi italiene amestecate și puneți-l într-un aparat de etanșare mare cu vid. Sigilați punga și gătiți în sous vide timp de 2 ore la 167F. Scoateți din baia de apă și lăsați deoparte.

Acum amestecați făina, sarea, cayenne, ierburile italiene și piperul într-un castron și lăsați deoparte. Bateți ouăle într-un castron separat și lăsați deoparte.

Încinge ulei de măsline într-o tigaie mare la foc mediu. Înmuiați puiul în oul bătut și acoperiți cu amestecul de făină. Se prăjește pe ambele părți timp de 5 minute sau până când se rumenesc.

Mușcături de pui cu cireșe

Timp de preparare + gătire: 1 oră 40 minute | Porții: 3

Ingrediente:

1 kg piept de pui, dezosat și fără piele, tăiat în bucăți mici
1 cană ardei gras roșu, tăiat cubulețe
1 cană ardei gras verde, tăiat cubulețe
1 cană roșii cherry, întregi
1 cană ulei de măsline
1 linguriță amestec de condimente italian
1 lingurita piper cayenne
½ linguriță oregano uscat
Sare si piper negru dupa gust

Traseu:

Clătiți carnea sub jet de apă rece și uscați cu prosoape de hârtie. Tăiați în bucăți mici și lăsați deoparte. Spălați boia de ardei și tăiați-o cubulețe. Spălați roșiile cherry și îndepărtați tulpinile verzi. Dacă îl lași deoparte, îl ignori.

Într-un castron, amestecați uleiul de măsline cu condimente italiene, cayenne, sare și piper.

Se amestecă până se încorporează bine. Adăugați carnea și acoperiți bine cu marinada. Lăsați deoparte timp de 30 de minute pentru a permite aromelor să se topească și să pătrundă în carne.

Puneți carnea și legumele într-o pungă mare, sigilabilă în vid. Adăugați trei linguri de marinată și sigilați punga. Gatiti in sous vide timp de 1 ora la 149F.

Pâine prăjită cu scorțișoară și curmal

Timp de preparare + gătire: 4 ore 10 minute | Porții: 6

Ingrediente:

4 felii de paine, prajite

4 curmali, tocate

3 linguri de zahar

½ lingurita de scortisoara

2 linguri suc de portocale

½ linguriță extract de vanilie

Traseu:

Pregătiți o baie de apă și puneți Sous Vide în ea. Setați la 155F.

Puneți curkii într-o pungă sigilabilă în vid. Adăugați suc de portocale, extract de vanilie, zahăr și scorțișoară. Sigilați punga și agitați bine pentru a acoperi bucățile de curmal. Eliberați aerul folosind metoda de deplasare a apei, sigilați și scufundați punga într-o baie de apă. Setați cronometrul pentru 4 ore.

Când cronometrul s-a oprit, scoateți punga și transferați curkii într-un robot de bucătărie. Se amestecă până la omogenizare. Întindeți amestecul de curmal pe pâinea prăjită.

Aripioare de pui cu ghimbir

Timp de preparare + gătire: 2 ore 25 minute | Porții: 4

Ingrediente:

2 kilograme de aripioare de pui

¼ cană ulei de măsline extravirgin

4 catei de usturoi

1 lingura frunze de rozmarin, tocate

1 lingurita piper alb

1 lingurita piper cayenne

1 lingura de cimbru proaspat, tocat

1 lingura de ghimbir proaspat, ras

¼ cană suc de lămâie

½ cană oțet de mere

Traseu:

Clătiți aripioarele de pui sub jet de apă rece și scurgeți-le într-o strecurătoare mare.

Într-un castron mare, amestecați uleiul de măsline cu usturoi, rozmarin, piper alb, ardei cayenne, cimbru, ghimbir, suc de lime și oțet de mere. Înmuiați aripioarele în acest amestec și acoperiți. Răciți timp de o oră.

Transferați aripioarele, împreună cu marinada, într-o pungă mare care se sigilează în vid. Închideți punga și gătiți în sous vide timp de 1 oră și 15 minute la 149F. Scoateți din punga sigilabilă în vid și agitați înainte de servire. Serviți și bucurați-vă!

Friptura de vita

Timp de preparare + gătire: 1 oră 55 minute | Porții: 4

Ingrediente:

1 kg de carne slabă tocată

1 ou

2 linguri migdale, tocate marunt

2 linguri faina de migdale

1 cană ceapă, tocată

2 catei de usturoi, macinati

¼ cană ulei de măsline

Sare si piper negru dupa gust

¼ cana frunze de patrunjel, tocate

Traseu:

Intr-un bol amestecam carnea tocata cu ceapa tocata marunt, usturoiul, uleiul, sare, piper, patrunjel si migdale. Amesteca bine cu o furculita, apoi adauga treptat putina faina de migdale.

Se bate un ou si se da la rece 40 de minute. Scoateți carnea din frigider și formați cu grijă pâini de aproximativ un inch grosime și aproximativ 4 inci în diametru. Puneți în două pungi separate sigilate în vid și gătiți în sous vide timp de o oră la 129F.

Verdure Umplute

Timp de preparare + gătire: 65 minute | Porții: 3

Ingrediente:

1 kg de condimente verzi, fierte la abur
1 kg de carne slabă tocată
1 ceapa mica, tocata marunt
1 lingura ulei de masline
Sare si piper negru dupa gust
1 lingurita de menta proaspata, tocata marunt

Traseu:

Fierbeți o oală mare cu apă și adăugați verdeață. Se fierbe scurt timp de 2-3 minute. Scurgeți și stoarceți ușor legumele, apoi lăsați deoparte.

Într-un castron mare, combinați carnea tocată, ceapa, uleiul, sarea, piperul și menta. Se amestecă bine până se încorporează. Așezați frunzele pe suprafața de lucru cu venele în sus. Folosiți o lingură de amestec de carne și puneți-l în centrul fiecărei frunze de jos. Îndoiți părțile laterale în sus și rulați strâns. Introduceți părțile laterale și transferați cu atenție într-o pungă mare sigilată cu vid. Închideți punga și gătiți în sous vide timp de 45 de minute la 167F.

Pannini cu cârnați italieni Herby

Timp de preparare + gătire: 3 ore 15 minute | Porții: 4

Ingrediente

1 kg de cârnați italieni

1 ardei rosu, feliat

1 ardei gras galben, feliat

1 ceapă, feliată

1 catel de usturoi, tocat

1 cană suc de roșii

1 lingurita oregano uscat

1 lingurita busuioc uscat

1 lingurita ulei de masline

Sare si piper negru dupa gust

4 felii de pâine

Trasee

Pregătiți o baie de apă și puneți Sous Vide în ea. Setați la 138F.

Puneți cârnații într-o pungă sigilată în vid. Adauga in fiecare punga usturoiul, busuiocul, ceapa, ardeiul, sucul de rosii si oregano. Folosind metoda de deplasare a apei, eliberați aerul, sigilați și scufundați pungile în baia de apă. Gatiti 3 ore.

Când cronometrul s-a oprit, scoateți cârnații și transferați-i într-o tigaie fierbinte. Prăjiți-le 1 minut pe fiecare parte. Dacă îl lași deoparte, îl ignori. Adăugați restul ingredientelor în tigaie, asezonați cu sare și piper. Gatiti pana se evapora apa. Servește cârnații și alte ingrediente între pâini.

Anghinare cu lămâie și usturoi

Timp de preparare + gătire: 2 ore 15 minute | Porții: 5

Ingrediente:

3 anghinare

Suc de 3 lămâi

1 lingura mustar

5 catei de usturoi, tocati marunt

1 lingura ceapa verde tocata marunt

4 linguri ulei de masline

Traseu:

Pregătiți o baie de apă și puneți Sous Vide în ea. Setați la 195F. Se spală și se despart anghinarea. Pune-l într-un bol de plastic. Adăugați celelalte ingrediente și agitați bine. Puneți tot amestecul într-o pungă de plastic. Sigilați și scufundați punga într-o baie de apă. Setați cronometrul pentru 2 ore.

Când cronometrul s-a oprit, scoateți punga și grătarul timp de un minut pe fiecare parte.

Gălbenușurile Panko sunt crochete

Timp de preparare + gătire: 60 minute | Porții: 5

Ingrediente:

2 ouă plus 5 gălbenușuri
1 cană pesmet panko
3 linguri ulei de masline
5 linguri de faina
¼ lingurita condimente italiene
½ lingurita de sare
¼ lingurita boia

Traseu:

Pregătiți o baie de apă și puneți Sous Vide în ea. Setați la 150F. Puneți gălbenușurile în apă (fără pungă sau cană) și gătiți timp de 45 de minute, întorcându-le la jumătate. Lasam sa se raceasca putin. Bateți ouăle împreună cu restul ingredientelor, cu excepția uleiului. Înmuiați gălbenușul în amestecul de ou-panko.

Încinge uleiul într-o tigaie. Prăjiți prunele până devin aurii în câteva minute pe fiecare parte.

Hummus cu chili

Timp de preparare + gătire: 4 ore 15 minute | Porții: 9)

Ingrediente:

16 grame de năut, înmuiat peste noapte și scurs
2 catei de usturoi, tocati marunt
1 lingurita sriracha
¼ linguriță pudră de chili
½ linguriță fulgi de ardei iute
½ cană ulei de măsline
1 lingura de sare
6 căni de apă

Traseu:

Pregătiți o baie de apă și puneți Sous Vide în ea. Setați la 195F. Puneți năutul și apa într-o pungă de plastic. Eliberați aerul folosind metoda de deplasare a apei, sigilați și scufundați punga într-o baie de apă. Setați cronometrul pentru 4 ore.

Când cronometrul s-a oprit, scoateți punga, scurgeți apa și transferați năutul într-un robot de bucătărie. Adăugați restul ingredientelor. Se amestecă până la omogenizare.

Tobe de muștar

Timp de preparare + gătire: 1 oră | Porții: 5

Ingrediente:

2 kilograme de pulpe de pui
¼ cană muștar de Dijon
2 catei de usturoi, macinati
2 linguri de aminoacizi de cocos
1 lingurita sare roz de Himalaya
½ lingurita piper negru

Traseu:

Clătiți rostul sub jet de apă rece. Scurgeți într-o strecurătoare mare și puneți deoparte.

Într-un castron mic, amestecați Dijon cu usturoi zdrobit, aminoacizi de cocos, sare și piper. Aplicați amestecul pe carne cu o perie de bucătărie și puneți-l într-o pungă mare care se sigilează în vid. Închideți punga și gătiți în sous vide timp de 45 de minute la 167F.

Rotunde de vinete cu fistic

Timp de preparare + gătire: 8 ore 10 minute | Porții: 8

Ingrediente:

3 vinete, feliate

¼ cană fistic zdrobit

1 lingura miso

1 lingura mirin

2 lingurite ulei de masline

1 lingurita arpagic

Sare si piper negru dupa gust

Traseu:

Pregătiți o baie de apă și puneți Sous Vide în ea. Setați la 185F.

Se amestecă uleiul, mirinul, arpagicul, misoul și piperul. Întindeți feliile de vinete cu acest amestec. Puneți într-o pungă sigilabilă cu un singur strat și acoperiți cu fistic. Repetați procesul până când sunt folosite toate ingredientele. Eliberați aerul folosind metoda de deplasare a apei, sigilați și scufundați punga într-o baie de apă. Setați cronometrul pentru 8 ore. Când cronometrul sa oprit, scoateți punga și farfuria.

Dip de mazăre verde

Timp de preparare + gătire: 45 minute | Porții: 8

Ingrediente:

2 căni de mazăre verde

3 linguri smântână groasă

1 lingura tarhon

1 catel de usturoi

1 lingurita ulei de masline

Sare si piper negru dupa gust

¼ cană mere tăiate cubulețe

Traseu:

Pregătiți o baie de apă și puneți Sous Vide în ea. Setați la 185F. Pune toate ingredientele într-o pungă sigilabilă în vid. Eliberați aerul folosind metoda de deplasare a apei, sigilați și scufundați punga într-o baie de apă. Setați cronometrul pentru 32 de minute. Când cronometrul s-a oprit, scoateți punga și amestecați până la omogenizare cu un blender de imersie.

Cartofi pai

Timp de preparare + gătire: 45 | Porții: 6

Ingrediente:

3 kilograme de cartofi tăiați felii
5 căni de apă
Sare si piper negru dupa gust
¼ lingurita de bicarbonat de sodiu

Traseu:

Pregătiți o baie de apă și puneți Sous Vide în ea. Setați la 195F.

Puneți felii de cartofi, apa, sarea și bicarbonatul de sodiu într-o pungă sigilabilă în vid. Eliberați aerul folosind metoda de deplasare a apei, sigilați și scufundați punga într-o baie de apă. Setați cronometrul pentru 25 de minute.

Între timp, încălziți uleiul într-o tigaie la foc mediu. Când cronometrul s-a oprit, scoateți feliile de cartofi din saramură și uscați. Se prajesc in ulei cateva minute pana se rumenesc.

Salata de curcan cu castraveti

Timp de preparare + gătire: 2 ore 20 minute | Porții: 3

Ingrediente:

1 kg piept de curcan, feliat
½ cană supă de pui
2 catei de usturoi, tocati marunt
2 linguri ulei de masline
1 lingurita de sare
¼ lingurita piper cayenne
2 foi de dafin
1 roșie medie, tocată
1 ardei gras rosu mare, tocat
1 castravete mediu
½ linguriță de condimente italiene

Traseu:

Asezonați curcanul cu sare și piper cayenne. Puneți într-un aparat de etanșare cu vid împreună cu supa de pui, usturoiul și foile de dafin. Sigilați punga și gătiți în Sous Vide timp de 2 ore la 167F. Scoateți și lăsați deoparte. Puneți legumele într-un bol mare și adăugați curcanul. Se amestecă cu condimente italiene și ulei de măsline. Se amestecă bine și se servește imediat.

Bile de ghimbir

Timp de preparare + gătire: 1 oră 30 minute | Porții: 3

Ingrediente:

1 kg carne tocată

1 cană ceapă, tocată

3 linguri ulei de masline

¼ cană coriandru proaspăt, tocat

¼ cana menta proaspata, tocata marunt

2 lingurite pasta de ghimbir

1 lingurita piper cayenne

2 lingurite de sare

Traseu:

Într-un castron mare, combinați carnea de vită tocată, ceapa, uleiul de măsline, coriandru, menta, coriandru, pasta de ghimbir, piper cayenne și sare. Formați chiftele și lăsați-le la rece timp de 15 minute. Scoateți din frigider și transferați în pungi separate sigilate în vid. Gătiți în Sous Vide timp de 1 oră la 154F.

Biluțe de cod

Timp de preparare + gătire: 105 minute | Porții: 5

Ingrediente:

12 grame de cod tocat

2 grame de pâine

1 lingura de unt

¼ cană făină

1 lingura gris

2 linguri de apa

1 lingura de usturoi tocat marunt

Sare si piper negru dupa gust

¼ lingurita boia

Traseu:

Pregătiți o baie de apă și puneți Sous Vide în ea. Setați la 125F.

Se amestecă pâinea și apa și se zdrobește amestecul. Adăugați restul ingredientelor și amestecați bine. Modelați amestecul în bile.

Pulverizați o tigaie cu spray de gătit și gătiți bilutele la foc mediu timp de aproximativ 15 secunde pe fiecare parte, până când se rumenesc ușor. Puneți bucățile de cod într-o pungă sigilabilă în vid. Eliberați aerul folosind metoda de deplasare a apei, sigilați și scufundați punga într-o baie de apă. Setați cronometrul pentru 1 oră și 30 de minute. Când cronometrul s-a oprit, scoateți punga și expuneți bucățile de cod. Servere.

Morcovi bebelusi glazurati

Timp de preparare + gătire: 3 ore 10 minute | Porții: 4

Ingrediente:

1 cană de morcovi pui
4 linguri de zahar brun
1 cană eșalotă tocată
1 lingura de unt
Sare si piper negru dupa gust
1 lingură mărar

Traseu:

Pregătiți o baie de apă și puneți Sous Vide în ea. Setați la 165F. Pune toate ingredientele într-o pungă sigilabilă în vid. Aruncă pentru a acoperi. Eliberați aerul folosind metoda de deplasare a apei, sigilați și scufundați-l într-o baie de apă. Setați cronometrul pentru 3 ore. Când cronometrul sa oprit, scoateți geanta. Serviți cald.

Aripioare de pui fierbinți

Timp de preparare + gătire: 4 ore 15 minute | Porții: 4

Ingrediente:

2 kilograme de aripioare de pui
½ baton de unt, topit
¼ cană sos roșu iute
½ lingurita de sare

Traseu:

Pregătiți o baie de apă și puneți Sous Vide în ea. Setați la 170F. Se condimenteaza puiul cu sare si se pune in 2 pungi sigilate in vid. Eliberați aerul folosind metoda de deplasare a apei, etanșați și scufundați-vă în baie. Gatiti 4 ore. Când ați terminat, scoateți pungile. Bateți sosul și untul. Se amestecă aripioarele cu amestecul.

Briose cu ceapă și bacon

Timp de preparare + gătire: 3 ore 45 minute | Porții: 5

Ingrediente:

1 ceapa, tocata

6 grame de bacon, taiata cubulete

1 cană de făină

4 linguri de unt, topit

1 ou

1 lingurita de bicarbonat de sodiu

1 lingura de otet

¼ lingurita sare

Traseu:

Pregătiți o baie de apă și puneți Sous Vide în ea. Setați la 196F.

Intre timp, prajiti baconul intr-o tigaie la foc mediu pana devine crocant. Transferați într-un bol și adăugați ceapa în grăsimea de bacon și gătiți câteva minute până când se înmoaie.

Transferați într-un bol și amestecați restul ingredientelor. Împărțiți aluatul de brioșe în 5 pahare mici. Asigurați-vă că nu îl umpleți mai mult de jumătate. Puneți borcanele într-o baie de apă și setați cronometrul pentru 3 ore și 30 de minute. Când cronometrul s-a oprit, scoateți paharele și serviți.

Coji de vin alb

Timp de preparare + gătire: 1 oră 20 minute | Porții: 3

Ingrediente:

1 kilogram de scoici proaspete
3 linguri ulei de masline extravirgin
1 cană ceapă, tocată
¼ cana patrunjel proaspat, tocat marunt
3 linguri de cimbru proaspăt, tocat mărunt
1 lingura coaja de lamaie
1 cană de vin alb sec

Traseu:

Încinge uleiul într-o tigaie de mărime medie. Adăugați ceapa și gătiți până devine translucid. Adăugați coaja de lămâie, pătrunjelul și cimbru. Se amestecă bine și se transferă într-o pungă sigilabilă în vid. Adauga scoici si o cana de vin alb sec. Sigilați punga și gătiți în Sous Vide timp de 40 de minute la 104F.

Tamari porumb pe stiule

Timp de preparare + gătire: 3 ore 15 minute | Porții: 8

Ingrediente:

1 kilogram de porumb pe stiuleți

1 lingura de unt

¼ cană sos tamari

2 linguri pastă miso

1 lingurita de sare

Traseu:

Pregătiți o baie de apă și puneți Sous Vide în ea. Setați la 185F.

Se amestecă tamari, untul, miso și sarea. Pune porumbul într-o pungă de plastic și toarnă amestecul peste el. Aruncă pentru a acoperi. Eliberați aerul folosind metoda de deplasare a apei, sigilați și scufundați punga într-o baie de apă. Setați cronometrul pentru 3 ore. Când cronometrul sa oprit, scoateți geanta. Serviți cald.

Scoici cu bacon

Timp de preparare + gătire: 50 minute | Porții: 6

Ingrediente:

10 oz scoici
3 grame de bacon, feliate
½ ceapă, rasă
½ lingurita piper alb
1 lingura ulei de masline

Traseu:

Pregătiți o baie de apă și puneți Sous Vide în ea. Setați la 140F.

Stropiți vârful scoicilor cu ceapă rasă și înveliți-le cu felii de slănină. Stropiți cu piper alb și stropiți cu ulei. Puneți într-o pungă de plastic. Eliberați aerul folosind metoda de deplasare a apei, sigilați și scufundați punga într-o baie de apă. Setați cronometrul pentru 35 de minute. Când cronometrul sa oprit, scoateți geanta. Servere.

Aperitiv cu creveți

Timp de preparare + gătire: 75 minute | Porții: 8

Ingrediente:

1 kilogram de creveți
3 linguri ulei de susan
3 linguri suc de lamaie
½ cana patrunjel
Sare si piper alb dupa gust

Traseu:

Pregătiți o baie de apă și puneți Sous Vide în ea. Setați la 140F.

Pune toate ingredientele într-o pungă sigilabilă în vid. Se amestecă pentru a acoperi bine creveții. Eliberați aerul folosind metoda de deplasare a apei, sigilați și scufundați punga într-o baie de apă. Setați cronometrul pentru 1 oră. Când cronometrul sa oprit, scoateți geanta. Serviți cald.

Ficat de pui tartinat

Timp de preparare + gătire: 5 ore 15 minute | Porții: 8

Ingrediente:

1 kg de ficat de pui

6 ouă

8 grame bacon, tocat

2 linguri sos de soia

3 grame eșalotă, tocată

3 linguri de otet

Sare si piper negru dupa gust

4 linguri de unt

½ lingurita boia

Traseu:

Pregătiți o baie de apă și puneți Sous Vide în ea. Setați la 156F.

Prăjiți slănina într-o tigaie la foc mediu, adăugați eșalota și prăjiți timp de 3 minute. Se amestecă sosul de soia și oțetul. Se pune intr-un blender cu celelalte ingrediente. Se amestecă până la omogenizare. Puneți toate ingredientele într-un borcan de zidărie și sigilați. Gatiti 5 ore. Când cronometrul s-a oprit, scoateți paharul și serviți.

Legume de dovleac ghimbir

Timp de preparare + gătire: 70 minute | Porții: 8

Ingrediente:

14 grame de dovleac
1 lingura de ghimbir ras
1 lingurita de unt, topit
1 lingurita suc de lamaie
Sare si piper negru dupa gust
¼ linguriță turmeric

Traseu:

Pregătiți o baie de apă și puneți Sous Vide în ea. Setați la 185F.

Curățați dovleacul și tăiați-l în felii. Pune toate ingredientele într-o pungă sigilabilă în vid. Agitați pentru a acoperi bine. Eliberați aerul folosind metoda de deplasare a apei, sigilați și scufundați punga într-o baie de apă. Setați cronometrul pentru 55 de minute. Când cronometrul sa oprit, scoateți geanta. Serviți cald.

Cozi de homar

Timp de preparare + gătire: 50 minute | Porții: 6

Ingrediente:

1 kg coadă de homar, decojită
½ lămâie
½ linguriță pudră de usturoi
¼ lingurita praf de ceapa
1 lingura rozmarin
1 lingurita ulei de masline

Traseu:

Pregătiți o baie de apă și puneți Sous Vide în ea. Setați la 140F.

Condimentam homarul cu usturoi și praf de ceapă. Puneți într-o pungă sigilabilă în vid. Adăugați restul ingredientelor și amestecați pentru a se acoperi. Eliberați aerul folosind metoda de deplasare a apei, sigilați și scufundați punga într-o baie de apă. Setați cronometrul pentru 40 de minute. Când cronometrul sa oprit, scoateți geanta. Serviți cald.

BBQ Tofu

Timp de preparare + gătire: 2 ore 15 minute | Porții: 8

Ingrediente:

15 grame de tofu

3 linguri sos gratar

2 linguri sos tamari

1 lingurita praf de ceapa

1 lingurita de sare

Traseu:

Pregătiți o baie de apă și puneți Sous Vide în ea. Setați la 180F.

Tăiați tofu-ul în cuburi. Puneți într-o pungă de plastic. Eliberați aerul folosind metoda de deplasare a apei, sigilați și scufundați punga într-o baie de apă. Setați cronometrul pentru 2 ore.

Când cronometrul s-a oprit, scoateți punga și transferați-o într-un bol. Adăugați restul ingredientelor și amestecați.

Delicioși săraci cavaleri

Timp de preparare + gătire: 100 minute | Porții: 2

Ingrediente:

2 oua
4 felii de pâine
½ cană lapte
½ lingurita de scortisoara
1 lingura de unt, topit

Traseu:

Pregătiți o baie de apă și puneți Sous Vide în ea. Setați la 150F.

Se amestecă ouăle, laptele, untul și scorțișoara. Puneți feliile de pâine într-o pungă sigilabilă în vid și turnați peste ele amestecul de ouă. Agitați pentru a acoperi bine. Eliberați aerul folosind metoda de deplasare a apei, sigilați și scufundați punga într-o baie de apă. Setați cronometrul pentru 1 oră și 25 de minute. Când cronometrul sa oprit, scoateți geanta. Serviți cald.

Rață dulce și condimentată

Timp de preparare + gătire: 70 minute | Porții: 4

Ingrediente:

1 kg piept de rata

1 lingurita de cimbru

1 lingurita oregano

2 linguri de miere

½ linguriță de pudră de chili

½ lingurita boia

1 lingurita sare de usturoi

1 lingura ulei de susan

Traseu:

Pregătiți o baie de apă și puneți Sous Vide în ea. Setați la 158F.

Se amestecă miere, ulei, condimente și ierburi. Ungeți rața cu amestecul și puneți-o într-o pungă sigilabilă în vid. Eliberați aerul folosind metoda de deplasare a apei, sigilați și scufundați punga într-o baie de apă. Setați cronometrul pentru 60 de minute.

Când cronometrul s-a oprit, scoateți punga și feliați pieptul de rață. Serviți cald.

Rubarbă Murată Sous Vide

Timp de preparare + gătire: 40 minute | Porții: 8

Ingrediente:

2 kilograme de rubarbă, feliată
7 linguri de otet de mere
1 lingura zahar brun
¼ țelină, tocată mărunt
¼ lingurita sare

Traseu:

Pregătiți o baie de apă și puneți Sous Vide în ea. Setați la 180F. Pune toate ingredientele într-o pungă sigilabilă în vid. Agitați pentru a acoperi bine. Eliberați aerul folosind metoda de deplasare a apei, sigilați și scufundați punga într-o baie de apă. Gatiti 25 de minute. Când cronometrul sa oprit, scoateți geanta. Serviți cald.

Chiftele de curcan

Timp de preparare + gătire: 2 ore 10 minute | Porții: 4

Ingrediente:

12 oz curcan măcinat

2 linguri sos de rosii

1 ou

1 lingurita coriandru

1 lingura de unt

Sare si piper negru dupa gust

1 lingură pesmet

½ linguriță de cimbru

Traseu:

Pregătiți o baie de apă și puneți Sous Vide în ea. Setați la 142F.

Amestecă toate ingredientele într-un bol. Formați amestecul în chiftele. Puneți într-o pungă sigilabilă în vid. Eliberați aerul folosind metoda de deplasare a apei, sigilați și scufundați punga într-o baie de apă. Setați cronometrul pentru 2 ore. Când cronometrul sa oprit, scoateți geanta. Serviți cald.

Pulpe dulci cu roșii uscate la soare

Timp de preparare + gătire: 75 minute | Porții: 7)

Ingrediente:

2 kilograme de pulpe de pui
3 grame de roșii uscate la soare, tăiate cubulețe
1 ceapa galbena, tocata marunt
1 lingurita rozmarin
1 lingura de zahar
2 linguri ulei de masline
1 ou, batut

Traseu:

Pregătiți o baie de apă și puneți Sous Vide în ea. Setați la 149F.

Combinați toate ingredientele într-o pungă sigilabilă în vid și agitați pentru a se acoperi bine. Eliberați aerul folosind metoda de deplasare a apei, sigilați și scufundați punga într-o baie de apă. Setați cronometrul pentru 63 de minute. Când cronometrul s-a oprit, scoateți punga și serviți după cum doriți.

Pui adobo

Timp de preparare + gătire: 4 ore 25 minute | Porții: 6

Ingrediente:

2 kilograme de pulpe de pui
3 linguri de piper
1 cană bulion de pui
½ cană sos de soia
2 linguri de otet
1 lingura praf de usturoi

Traseu:

Pregătiți o baie de apă și puneți Sous Vide în ea. Setați la 155F.

Puneți puiul, sosul de soia și pudra de usturoi într-o pungă care se sigilează în vid. Eliberați aerul folosind metoda de deplasare a apei, sigilați și scufundați punga într-o baie de apă. Setați cronometrul pentru 4 ore. Când cronometrul s-a oprit, scoateți punga și puneți-o într-o tigaie. Adăugați restul ingredientelor. Gatiti inca 15 minute.

Chorizo cu fructe „Eat-me"

Timp de preparare + gătire: 75 minute | Porții: 4

Ingrediente

2½ căni de struguri albi fără semințe, tulpinile îndepărtate
1 lingura rozmarin proaspat, tocat
2 linguri de unt
4 cârnați chorizo
2 linguri de otet balsamic
Sare si piper negru dupa gust

Trasee

Pregătiți o baie de apă și puneți Sous Vide în ea. Setați la 165F. Puneți untul, strugurii albi, rozmarinul și chorizo într-o pungă sigilabilă în vid. Agită bine. Eliberați aerul folosind metoda de deplasare a apei, sigilați și scufundați punga în baia de apă. Gatiti 60 de minute.

Când cronometrul s-a oprit, transferați amestecul de chorizo pe o farfurie. Turnați lichidul de gătit împreună cu strugurii și oțetul balsamic într-o tigaie încinsă. Se amestecă timp de 3 minute. Top cu sos de struguri chorizo .

Pui si ciuperci in sos Marsala

Timp de preparare + gătire: 2 ore 25 minute | Porții: 2

Ingrediente:

2 piept de pui dezosati si fara piele

1 cană de vin Marsala

1 cană supă de pui

14 grame de ciuperci, feliate

½ lingură de făină

1 lingura de unt

Sare si piper negru dupa gust

2 catei de usturoi, tocati marunt

1 şalotă, tocată mărunt

Traseu:

Pregătiți o baie de apă și puneți Sous Vide în ea. Setați la 140F. Asezonați puiul cu sare și piper și puneți-l într-o pungă sigilabilă în vid cu ciupercile. Eliberați aerul folosind metoda de deplasare a apei, sigilați-l și scufundați-l într-o baie de apă. Gatiti 2 ore.

Când cronometrul sa oprit, scoateți geanta. Topiți untul într-o tigaie la foc mediu, adăugați făina și celelalte ingrediente. Gatiti pana se ingroasa sosul. Adăugați puiul și gătiți timp de 1 minut.

Caise vanilie cu whisky

Timp de preparare + gătire: 45 minute | Porții: 4

Ingrediente

2 caise, fără sâmburi și tăiate în sferturi

½ cană de whisky de secară

½ cană zahăr ultrafin

1 lingurita extract de vanilie

Sarat la gust

Trasee

Pregătiți o baie de apă și puneți Sous Vide în ea. Setați la 182F. Pune toate ingredientele într-o pungă sigilabilă în vid. Eliberați aerul folosind metoda de deplasare a apei, sigilați-l și scufundați-l într-o baie de apă. Gatiti 30 de minute. După ce cronometrul se oprește, scoateți punga și transferați-o în baia de gheață.

Hummus simplu picant

Timp de preparare + gătire: 3 ore 35 minute | Porții: 6

Ingrediente

1½ cani de naut uscat, inmuiat peste noapte

2 litri de apă

¼ cană suc de lămâie

¼ cană pastă de tahini

2 catei de usturoi, tocati marunt

2 linguri ulei de masline

½ linguriță de seminţe de chimen

½ lingurita de sare

1 lingurita piper cayenne

Trasee

Pregătiți o baie de apă și puneți Sous Vide în ea. Setați la 196F.

Se strecoară năutul și se pune într-o pungă sigilabilă în vid cu 1 litru de apă. Eliberați aerul folosind metoda de deplasare a apei, sigilați și scufundați punga în baia de apă. Gatiti 3 ore. Când cronometrul s-a oprit, scoateți punga, transferați-o într-o baie de apă cu gheață și lăsați-o să se răcească.

Într-un blender, amestecați sucul de lămâie și pasta de tahini timp de 90 de secunde. Adăugați usturoiul, uleiul de măsline, chimenul și sarea, amestecați timp de 30 de secunde până se omogenizează. Scoateți năutul și scurgeți-l. Pentru un hummus mai fin, curățați năutul.

Combinați jumătate de năut cu amestecul de tahini într-un robot de bucătărie și procesați timp de 90 de secunde. Adăugați năutul rămas și amestecați până se omogenizează. Transferați amestecul într-o farfurie și ornezați cu piper cayenne și năutul rezervat.

Toboșari de la Kaffir Lime

Timp de preparare + gătire: 80 minute | Porții: 7)

Ingrediente:

16 oz pulpe de pui
2 linguri frunze de coriandru
1 lingurita menta uscata
1 lingurita de cimbru
Sare si piper alb dupa gust
1 lingura ulei de masline
1 lingura frunze de lime kaffir tocate

Traseu:

Pregătiți o baie de apă și puneți Sous Vide în ea. Setați la 153F. Pune toate ingredientele într-o pungă sigilabilă în vid. O mulțime pentru a acoperi bine puiul. Eliberați aerul folosind metoda de deplasare a apei, sigilați și scufundați punga într-o baie de apă. Setați cronometrul pentru 70 de minute. Când ați terminat, scoateți punga. Serviți cald.

Piure de cartofi cu lapte cu rozmarin

Timp de preparare + gătire: 1 oră 45 minute | Porții: 4

Ingrediente

2 kilograme de cartofi roșii

5 catei de usturoi

8 oz de unt

1 cană lapte integral

3 crengute rozmarin

Sare si piper alb dupa gust

Trasee

Pregătiți o baie de apă și puneți Sous Vide în ea. Setați la 193F. Spălați, curățați și feliați cartofii. Scoateți usturoiul, curățați-l și zdrobiți-l. Amestecați cartofii, usturoiul, untul, 2 linguri de sare și rozmarinul. Puneți într-o pungă sigilabilă în vid. Eliberați aerul folosind metoda de deplasare a apei, sigilați și scufundați punga în baia de apă. Gatiti 1 ora si 30 de minute.

După ce cronometrul se oprește, scoateți punga și transferați-le într-un castron și zdrobiți-le. Amestecați untul bătut și laptele. Adăugați sare și piper. Se presara rozmarin deasupra si se serveste.

Kebab dulce de tofu cu legume

Timp de preparare + gătire: 65 minute | Porții: 8)

Ingrediente

1 dovlecel, feliat

1 vinete, feliată

1 ardei gras galben, tocat

1 ardei gras rosu, tocat

1 ardei gras verde, tocat

16 grame de brânză tofu

¼ cană ulei de măsline

1 lingurita de miere

Sare si piper negru dupa gust

Trasee

Pregătiți o baie de apă și puneți Sous Vide în ea. Setați la 186F.

Puneți dovleceii și vinetele într-o pungă sigilabilă în vid. Puneți bucățile de boia într-o pungă sigilabilă în vid. Folosind metoda de deplasare a apei, eliberați aerul, sigilați și scufundați pungile în baia de apă. Gatiti 45 de minute. După 10 minute, încălziți o tigaie la foc mediu.

Scurge tofu și usucă. Tăiați în cuburi. Ungeți cu ulei de măsline și puneți în tigaie și prăjiți până se rumenesc pe ambele părți. Transferați într-un castron, turnați miere și acoperiți. Lasă-l să se răcească. Când cronometrul s-a oprit, scoateți pungile și transferați tot conținutul într-un bol. Adăugați sare și piper. Aruncați lichidul de gătit. Pune legumele și tofu alternativ în kebab.

File de pui la Dijon

Timp de preparare + gătire: 65 minute | Porții: 4

Ingrediente:

1 kg de file de pui
3 linguri muștar de Dijon
2 cepe, ras
2 linguri amidon de porumb
½ cană lapte
1 lingura coaja de lamaie
1 lingurita de cimbru
1 lingurita oregano
Sare usturoi si piper negru dupa gust
1 lingura ulei de masline

Traseu:

Pregătiți o baie de apă și puneți Sous Vide în ea. Setați la 146F. Amestecați toate ingredientele și puneți-le într-o pungă sigilabilă în vid. Eliberați aerul folosind metoda de deplasare a apei, sigilați și scufundați punga într-o baie de apă. Setați cronometrul pentru 45 de minute. Când cronometrul s-a oprit, scoateți punga și transferați într-o tigaie și gătiți la foc mediu timp de 10 minute.

Boia de ardei umpluta cu morcovi si nuci

Timp de preparare + gătire: 2 ore 35 minute | Porții: 5

Ingrediente

4 salote, tocate marunt

4 morcovi, tocați mărunt

4 catei de usturoi, tocati

1 cană caju crude, înmuiate și scurse

1 cană nuci pecan, înmuiate și scurse

1 lingura otet balsamic

1 lingura sos de soia

1 lingura chimen macinat

2 linguri boia de ardei

1 lingurita praf de usturoi

1 praf de piper cayenne

4 crengute de cimbru proaspat

Zest de 1 lămâie

4 ardei, tăiați vârfurile și îndepărtați semințele

Trasee

Pregătiți o baie de apă și puneți Sous Vide în ea. Setați la 186F.

Combinați morcovii, usturoiul, eșapa, caju, nuci pecan, oțet balsamic, sos de soia, chimen, boia de ardei, praf de usturoi, cayenne, cimbru și coaja de lămâie într-un blender. Amestecați aproximativ.

Se toarnă amestecul în coaja boia de ardei și se pune într-o pungă sigilabilă în vid. Eliberați aerul folosind metoda de deplasare a apei, sigilați și scufundați punga în baia de apă. Gatiti 1 ora si 15 minute. Când cronometrul s-a oprit, scoateți ardeii și puneți-i pe o farfurie.

Rata portocala cu boia si cimbru

Timp de preparare + gătire: 15 ore 10 minute | Porții: 4

Ingrediente:

16 oz pulpă de rață
1 lingurita coaja de portocala
2 linguri frunze de kafir
1 lingurita de sare
1 lingurita de zahar
1 lingura suc de portocale
2 lingurite ulei de susan
½ lingurita boia
½ linguriță de cimbru

Traseu:

Pregătiți o baie de apă și puneți Sous Vide în ea. Setați la 160F. Pune toate ingredientele într-o pungă sigilabilă în vid. Masajul poate fi bine combinat. Eliberați aerul folosind metoda de deplasare a apei, sigilați și scufundați punga într-o baie de apă. Setați cronometrul la 3:00 p.m.

Când cronometrul sa oprit, scoateți geanta. Serviți cald.

Ouă de curcan învelite în slănină

Timp de preparare + gătire: 6 ore 15 minute | Porții: 5

Ingrediente:

14 oz pulpă de curcan
5 grame de bacon, feliate
½ linguriță fulgi de ardei iute
2 lingurite ulei de masline
1 lingura smantana
½ lingurita oregano
½ lingurita boia
¼ lămâie, feliată

Traseu:

Pregătiți o baie de apă și puneți Sous Vide în ea. Setați la 160F.

Amestecă ierburile și condimentele cu smântână într-un castron și întinde-o peste curcan. Înveliți-o în slănină și stropiți cu ulei de măsline. Puneți-l într-o pungă sigilabilă în vid împreună cu lămâie. Eliberați aerul folosind metoda de deplasare a apei, sigilați și scufundați punga într-o baie de apă. Setați cronometrul pentru 6 ore. Când cronometrul sa oprit, scoateți punga și tăiați-o. Serviți cald.

Sparanghelul se amestecă cu tarhon

Timp de preparare + gătire: 25 minute | Porții: 3

Ingrediente:

1 ½ lb sparanghel mediu

5 linguri de unt

2 linguri suc de lamaie

½ linguriță coaja de lămâie

1 lingura arpagic, feliat

1 lingura patrunjel, tocat

1 lingura + 1 lingura marar proaspat, tocat

1 lingura + 1 lingura tarhon, tocat

Traseu:

Pregătiți o baie de apă, introduceți Sous Vide și setați la 183F. Tăiați și aruncați fundul dens al sparanghelului. Puneți sparanghelul într-o pungă sigilabilă în vid.

Eliberați aerul folosind metoda de deplasare a apei, sigilați și scufundați într-o baie de apă și setați cronometrul pentru 10 minute.

Când cronometrul sa oprit, scoateți punga și sigilați-o. Punem o tigaie la foc mic, adaugam untul si sparanghelul aburit. Se condimentează cu sare și piper și se amestecă constant. Adăugați zeama și coaja de lămâie și gătiți timp de 2 minute.

Opreste focul si adauga patrunjel, 1 lingura marar si 1 lingura tarhon. Aruncați uniform. Se ornează cu restul de mărar și tarhon. Se servește fierbinte ca garnitură.

Friptură de conopidă condimentată

Timp de preparare + gătire: 35 minute | Porții: 5

Ingrediente:

1 kg conopidă în felii

1 lingura de turmeric

1 lingurita pudra de chili

½ linguriță pudră de usturoi

1 lingurita sriracha

1 lingura chipotle

1 lingura este grea

2 linguri de unt

Traseu:

Pregătiți o baie de apă și puneți Sous Vide în ea. Setați la 185F.

Se amestecă toate ingredientele, cu excepția conopidei. Ungeți fripturile de conopidă cu amestecul. Puneți-le într-o pungă sigilabilă în vid. Eliberați aerul folosind metoda de deplasare a apei, sigilați și scufundați punga într-o baie de apă. Setați cronometrul pentru 18 minute.

Când cronometrul s-a oprit, scoateți punga, preîncălziți grătarul și gătiți fripturile timp de un minut pe fiecare parte.

Fâșii de cartofi Cayenne cu sos de maioneză

Timp de preparare + gătire: 1 oră 50 minute | Porții: 6

Ingrediente

2 cartofi mari aurii tăiați fâșii
Sare si piper negru dupa gust
1½ lingurita ulei de masline
1 lingurita de cimbru
1 lingurita boia
½ linguriță piper cayenne
1 galbenus de ou
2 linguri otet de mere
¾ cană ulei vegetal
Sare si piper negru dupa gust

Trasee

Pregătiți o baie de apă și puneți Sous Vide în ea. Setați la 186F. Pune cartofii într-o pungă sigilabilă cu un praf de sare. Eliberați aerul folosind metoda de deplasare a apei, sigilați-l și scufundați-l într-o baie de apă. Gatiti 1 ora si 30 de minute.

Când cronometrul s-a oprit, scoateți cartofii și uscați-i cu un prosop de bucătărie. Aruncați lichidul de gătit. Încinge uleiul într-o tigaie la foc mediu. Se adauga cartofii si se presara cu boia de ardei, cayenne, cimbru, piper negru si sare ramasa. Amestecați timp de 7 minute până când toate părțile cartofilor devin maro auriu.

Faceți maioneza: amestecați bine gălbenușul de ou și jumătate din oțet. Adăugați încet ulei vegetal, amestecați până se omogenizează. Adăugați oțetul rămas. Se condimentează cu sare și piper și se amestecă bine. Se serveste cu cartofi prajiti.

Rață untoasă și dulce

Timp de preparare + gătire: 7 ore 10 minute | Porții: 7)

Ingrediente:

2 kilograme de aripioare de rață
2 linguri de zahar
3 linguri de unt
1 lingura sirop de artar
1 lingurita piper negru
1 lingurita de sare
1 lingura piure de rosii

Traseu:

Pregătiți o baie de apă și puneți Sous Vide în ea. Setați la 175F.

Amestecați ingredientele într-un bol, ungeți aripioarele cu amestecul. Puneți aripioarele într-o pungă care se sigilează în vid și turnați restul amestecului peste ele. Eliberați aerul folosind metoda de deplasare a apei, sigilați și scufundați punga într-o baie de apă. Setați cronometrul pentru 7 ore. Când cronometrul sa oprit, scoateți punga și tăiați-o. Serviți cald.

Dulceata de unt

Timp de preparare + gătire: 1 oră 10 minute | Porții: 4

Ingrediente

1 kg igname, feliate
8 linguri de unt
½ cană smântână groasă
Sarat la gust

Trasee

Pregătiți o baie de apă și puneți Sous Vide în ea. Setați la 186F. Amestecați smântâna groasă, ignamele, sarea kosher și untul. Puneți într-o pungă sigilabilă în vid. Eliberați aerul folosind metoda de deplasare a apei, sigilați și scufundați punga în baia de apă. Gatiti 60 de minute.

Când cronometrul s-a oprit, scoateți punga și turnați conținutul într-un bol. Se amestecă bine cu un robot de bucătărie și se servește.

Quiche cu spanac și ciuperci

Timp de preparare + gătire: 20 minute | Porții: 2

Ingrediente:

1 cană ciuperci Cremini proaspete, feliate

1 cană spanac proaspăt, tocat

2 ouă mari, bătute

2 linguri lapte integral

1 catel de usturoi, tocat

¼ cană parmezan, ras

1 lingura de unt

½ lingurita de sare

Traseu:

Spălați ciupercile sub jet de apă rece și tăiați-le în felii subțiri. Dacă îl lași deoparte, îl ignori. Spanacul se spala bine si se toaca marunt.

Puneți ciupercile, spanacul, laptele, usturoiul și sarea într-o pungă mare, sigilabilă în vid. Închideți punga și gătiți în sous vide timp de 10 minute la 180F.

Între timp, topește untul într-o tigaie mare la foc mediu. Scoateți amestecul de legume din pungă și puneți-l într-o tigaie. Gatiti 1 minut, apoi adaugati oul batut. Se amestecă bine până se încorporează și se fierbe până se întărește oul. Se presară cu brânză rasă și se ia de pe foc și se servește.

Porumb de unt mexican

Timp de preparare + gătire: 40 minute | Porții: 2

Ingrediente

2 spice de porumb, decojite

2 linguri de unt rece

Sare si piper negru dupa gust

¼ cană maioneză

½ lingură pudră de chili în stil mexican

½ linguriță coajă de lămâie rasă

¼ cană brânză feta mărunțită

¼ cană coriandru proaspăt tocat

Barci de tei pentru servire

Trasee

Pregătiți o baie de apă și puneți Sous Vide în ea. Setați la 183F.

Pune porumb pe stiuleț și unt într-o pungă care se etanșează în vid. Adăugați sare și piper. Eliberați aerul folosind metoda de deplasare a apei, sigilați și scufundați punga în baia de apă. Gatiti 30 de minute.

Când cronometrul s-a oprit, scoateți porumbul. Puneți maioneză, coaja de lămâie și praf de chilli într-o pungă mică. Agită bine. Pune brânza feta pe o farfurie. Acoperiți frigăruile cu 1 lingură amestec de maioneză și rulați-le peste brânză. Se ornează cu sare. Servere.

Pară cu brânză cu nucă

Timp de preparare + gătire: 55 minute | Porții: 2

Ingrediente

1 pară, feliată

1 kilogram de miere

½ cană nuci

4 linguri de brânză Grana Padano rasă

2 cesti frunze de rucola

Sare si piper negru dupa gust

2 linguri suc de lamaie

2 linguri ulei de masline

Trasee

Pregătiți o baie de apă și puneți Sous Vide în ea. Setați la 158F. Se amestecă mierea și perele. Puneți într-o pungă sigilabilă în vid. Eliberați aerul folosind metoda de deplasare a apei, sigilați și scufundați punga în baia de apă. Gatiti 45 de minute. Când cronometrul s-a oprit, scoateți punga și transferați-o într-un bol. Top cu dressing.

Broccoli și piure de brânză albastră

Timp de preparare + gătire: 1 oră 40 minute | Porții: 6

Ingrediente

1 cap de broccoli taiat buchetele

3 linguri de unt

Sare si piper negru dupa gust

1 lingura patrunjel

5 dkg brânză albastră, mărunțită

Trasee

Pregătiți o baie de apă și puneți Sous Vide în ea. Setați la 186F.

Puneți broccoli, untul, sare, pătrunjel și piper negru într-o pungă sigilată în vid. Eliberați aerul folosind metoda de deplasare a apei, sigilați și scufundați punga în baia de apă. Gatiti 1 ora si 30 de minute.

Când cronometrul s-a oprit, scoateți punga și transferați-l într-un blender. Adăugați brânza și amestecați la viteză mare timp de 3-4 minute până se omogenizează. Servere.

Dovlecel cu curry

Timp de preparare + gătire: 40 minute | Porții: 3

Ingrediente:

3 dovlecei tăiați cubulețe mici
2 lingurițe pudră de curry
1 lingura ulei de masline
Sare si piper negru dupa gust
¼ cană coriandru

Traseu:

Pregătiți o baie de apă, introduceți Sous Vide și setați la 185F. Puneți dovleceii într-o pungă care se etanșează în vid. Eliberați aerul folosind metoda de deplasare a apei, sigilați și scufundați punga în baia de apă. Gatiti 20 de minute. Când cronometrul sa oprit, scoateți și sigilați punga. Puneți o tigaie pe mediu, adăugați ulei de măsline. Odată încălzit, adăugați dovlecelul și celelalte ingrediente enumerate. Adăugați sare și gătiți timp de 5 minute. Serviți ca garnitură.

Cartofi dulci cu nuci

Timp de preparare + gătire: 3 ore 45 minute | Porții: 2

Ingrediente

1 kg de cartofi dulci, feliați

Sarat la gust

¼ cană nuci

1 lingura ulei de cocos

Trasee

Pregătiți o baie de apă și puneți Sous Vide în ea. Setați la 146F. Pune cartofii și sarea într-o pungă sigilabilă în vid. Eliberați aerul folosind metoda de deplasare a apei, sigilați și scufundați punga în baia de apă. Gatiti 3 ore. Încinge o tigaie la foc mediu și prăjește nucile. Tăiați-le.

Preîncălziți cuptorul la 375 F și tapetați o foaie de copt cu hârtie de copt. Când cronometrul s-a oprit, scoateți cartofii și transferați-i pe tava de copt. Stropiți cu ulei de cocos și coaceți timp de 20-30 de minute. Rulează-l o dată. Se serveste presarata cu nuca prajita.

Sfeclă murată picant

Timp de preparare + gătire: 50 minute | Porții: 4

Ingrediente

12 oz de sfeclă, feliată
½ ardei jalapeno
1 cățel de usturoi, tăiat cubulețe
2/3 cana otet alb
2/3 cană apă
2 linguri marinata

Trasee

Pregătiți o baie de apă și puneți Sous Vide în ea. Setați la 192F. Combinați ardeiul jalapeño, sfecla roșie și căței de usturoi în 5 borcane de zidărie.

Încinge o tigaie și fierbe marinada, apa și oțetul alb. Scurgeți și turnați amestecul de sfeclă roșie în pahare. Sigilați și scufundați borcanele în baia de apă. Gatiti 40 de minute. Când cronometrul s-a oprit, scoateți borcanele și lăsați-le să se răcească. Servere.

Porumb condimentat

Timp de preparare + gătire: 35 minute | Porții: 5

Ingrediente

5 linguri de unt

5 spice de porumb galben, decojite

1 lingura patrunjel proaspat

½ linguriță piper cayenne

Sarat la gust

Trasee

Pregătiți o baie de apă și puneți Sous Vide în ea. Setați la 186F.

Puneți 3 spice de porumb în fiecare pungă cu vid. Folosind metoda de deplasare a apei, eliberați aerul, sigilați și scufundați pungile în baia de apă. Gatiti 30 de minute. Când cronometrul s-a oprit, scoateți porumbul din pungă și transferați-l pe o farfurie. Se ornează cu piper cayenne și pătrunjel.

Boia și cartofi rozmarin

Timp de preparare + gătire: 55 minute | Porții: 4

Ingrediente

8 oz de cartofi moale
Sare si piper negru dupa gust
1 lingura de unt
1 crenguță rozmarin
1 lingurita boia

Trasee

Pregătiți o baie de apă și puneți Sous Vide în ea. Setați la 178F.

Amestecați cartofii cu sare, boia de ardei și piper. Puneți-le într-o pungă sigilabilă în vid. Eliberați aerul folosind metoda de deplasare a apei, sigilați și scufundați punga în baia de apă. Gatiti 45 de minute.

Când cronometrul s-a oprit, scoateți cartofii și tăiați-i în jumătate. Se incinge untul intr-o tigaie la foc mediu si se adauga rozmarinul si cartofii. Gatiti 3 minute. Serviți pe o farfurie. Se ornează cu sare.

Pâine glazurată cu dovleac

Timp de preparare + gătire: 3 ore 40 minute | Porții: 4

Ingrediente:

1 ou, batut

6 linguri piure de dovleac conservat

6 grame de făină

1 lingurita praf de copt

1 lingurita de scortisoara

¼ lingurita nucsoara

1 lingura de zahar

¼ lingurita sare

Traseu:

Pregătiți o baie de apă și puneți Sous Vide în ea. Setați la 195F.

Cerneți făina împreună cu praful de copt, sarea, scorțișoara și nucșoara într-un bol. Amestecați oul bătut, zahărul și piureul de dovleac. Se amestecă pentru a face un aluat.

Împărțiți aluatul între două borcane de zidărie și sigilați. Se pune într-o baie de apă și se fierbe timp de 3 ore și 30 de minute. Când timpul a trecut, scoateți borcanele și lăsați-le să se răcească înainte de servire.

Ouă de praz și usturoi

Timp de preparare + gătire: 35 minute | Porții: 2

Ingrediente:

2 căni de praz proaspăt, tăiat în bucăți mici
5 catei intregi de usturoi
1 lingura de unt
2 linguri ulei de masline extravirgin
4 ouă mari
1 lingurita de sare

Traseu:

Se amestecă ouăle, untul și sarea. Transferați într-o pungă sigilabilă în vid și gătiți în Sous Vide timp de zece minute la 165F. Transferați cu grijă pe o farfurie. Încinge uleiul într-o tigaie mare la foc mediu. Adauga usturoiul si prazul tocat. Coaceți timp de zece minute. Se ia de pe foc și se folosește pentru a acoperi ouăle.

Dip cremoasă de anghinare

Timp de preparare + gătire: 1 oră 45 minute | Porții: 6

Ingrediente:

2 linguri de unt
2 cepe, tăiate în sferturi
3 catei de usturoi, tocati
15 oz inimioare de anghinare, tocate
18 oz spanac congelat, decongelat
5 oz ardei iute verzi
3 linguri de maioneza
3 linguri frisca

Traseu:

Pregătiți o baie de apă, puneți Sous Vide în ea și încălziți la 181F. Împărțiți ceapa, usturoiul, inimioarele de anghinare, spanacul și ardeiul verde în 2 pungi sigilabile în vid. Folosind metoda de deplasare a apei, eliberați aerul, sigilați și scufundați pungile în baia de apă. Setați cronometrul pentru 30 de minute pentru a găti.

Când cronometrul sa oprit, scoateți și sigilați pungile. Piureați ingredientele cu un blender. Punem o tigaie la foc mediu si adaugam untul. Adăugați piure de legume, sucul de lămâie, maioneza și crema de brânză. Adăugați sare și piper. Se amestecă și se fierbe timp de 3 minute. Se serveste fierbinte cu fasii de legume.

Dip cu brânză de ridichi

Timp de preparare + gătire: 1 oră 15 minute | Porții: 4

Ingrediente:

30 de ridichi mici, îndepărtați frunzele verzi
1 lingura otet Chardonnay
Zahăr după gust
1 cană apă pentru abur
1 lingura ulei de samburi de struguri
12 oz cremă de brânză

Traseu:

Pregătiți o baie de apă, introduceți Sous Vide și setați la 183F. Pune ridichile, sarea, piperul, apa, zahărul și oțetul într-o pungă sigilabilă în vid. Eliberați aerul din pungă, sigilați-l și scufundați-l în baia de apă. Gatiti 1 ora. Când cronometrul s-a oprit, scoateți punga, deschideți-o și puneți ridichile într-un blender cu puțină apă aburindă. Adauga crema de branza si paseaza pana se omogenizeaza. Servere.

Dip de țelină

Timp de preparare + gătire: 50 minute | Porții: 3

Ingrediente:

½ lb rădăcină de țelină, feliată
1 cană smântână groasă
3 linguri de unt
1 lingura suc de lamaie
Sarat la gust

Traseu:

Pregătiți o baie de apă, introduceți Sous Vide și setați la 183F. Puneți țelina, smântâna, sucul de lămâie, untul și sarea într-un sac de vid. Eliberați aerul din pungă, sigilați-l și scufundați-l în baie. Gatiti 40 de minute. Când cronometrul sa oprit, scoateți și sigilați punga. Piureați ingredientele cu un blender. Servere.

Sos BBQ picant

Timp de preparare + gătire: 1 oră 15 minute | Porții: 10)

Ingrediente:

1 ½ kilograme de roșii mici

¼ cană oțet de mere

¼ lingurita zahar

1 lingură sos Worcestershire

½ lingură de fum lichid de hickory

2 lingurite boia afumata

2 lingurițe de usturoi pudră

1 lingurita praf de ceapa

Sarat la gust

½ linguriță de pudră de chili

½ linguriță piper cayenne

4 linguri de apă

Traseu:

Pregătiți o baie de apă, introduceți Sous Vide și setați la 185F.

Sortați roșiile în două pungi sigilabile în vid. Folosind metoda de deplasare a apei, eliberați aerul, sigilați și scufundați pungile în baia de apă. Setați cronometrul pentru 40 de minute.

Când cronometrul sa oprit, scoateți și sigilați pungile. Pune roșiile într-un blender și pasează-le până când sunt omogene și groase. Nu adăugați apă.

Punem o cratita la foc mediu, adaugam pasta de rosii si celelalte ingrediente. Gatiti 20 de minute, amestecand continuu. Trebuie obținută o consistență groasă.

Sos Peri Peri

Timp de preparare + gătire: 40 minute | Porții: 15

Ingrediente:

2 dkg ardei iute rosu

4 catei de usturoi, macinati

2 lingurite boia afumata

1 cană frunze de coriandru, tocate

½ cană frunze de busuioc, tocate

1 cană ulei de măsline

Suc de 2 lămâi

Traseu:

Pregătiți o baie de apă, introduceți Sous Vide și setați la 185F.

Puneți ardeii într-o pungă sigilabilă în vid. Eliberați aerul folosind metoda de deplasare a apei, sigilați și scufundați punga în baia de apă. Setați cronometrul pentru 30 de minute.

Când cronometrul sa oprit, scoateți și sigilați punga. Puneți boia de ardei și celelalte ingrediente enumerate într-un blender și faceți piure până la omogenizare.

A se pastra intr-un recipient ermetic, se da la frigider si se foloseste pana la 7 zile.

Sirop de ghimbir

Timp de preparare + gătire: 1 oră 10 minute | Porții: 10)

Ingrediente:

1 cană de ghimbir, feliat subțire
1 ceapa alba mare, curatata de coaja
2 ½ căni de apă
¼ cană zahăr

Traseu:

Pregătiți o baie de apă, introduceți Sous Vide și setați la 185F. Pune ceapa într-o pungă sigilabilă în vid. Eliberați aerul folosind metoda de deplasare a apei, sigilați și scufundați-vă în baia de apă. Gatiti 40 de minute.

Când cronometrul sa oprit, scoateți și sigilați punga. Pune ceapa într-un blender cu 4 linguri de apă și pasează până se omogenizează. Pune o cratita la foc mediu, adauga piureul de ceapa si celelalte ingrediente enumerate. Gatiti 15 minute. Se stinge focul, se răceşte și se strecoară printr-o sită fină. A se pastra intr-un borcan, se da la frigider si se foloseste pana la 14 zile. Folosiți-l ca condiment pentru alte feluri de mâncare.

Supă de pui

Timp de preparare + gătire: 12 ore 25 minute | Porții: 3

Ingrediente:

2 lb pui, orice parte - pulpe, piept
5 căni de apă
2 tulpini de telina, tocate
2 catei de usturoi, tocati marunt

Traseu:

Pregătiți o baie de apă, introduceți Sous Vide și setați la 194F. Împărțiți toate ingredientele în 2 pungi de vid, pliați partea de sus a pungilor de 2-3 ori. Puneți în baia de apă. Setați cronometrul pentru 12 ore.

Când cronometrul s-a oprit, scoateți pungile și transferați ingredientele într-un bol. Gatiti ingredientele la foc mare timp de 10 minute. Opriți focul și scurgeți. Folosim bulionul ca bază de supă.

Sos Pomodoro de ceapa

Timp de preparare + gătire: 30 minute | Porții: 4

Ingrediente

4 căni de roșii, tăiate la jumătate și fără semințe

½ ceapă, tocată

½ linguriță de zahăr

¼ cană oregano proaspăt

2 catei de usturoi, tocati marunt

Sare si piper negru dupa gust

5 linguri de ulei de măsline

Traseu:

Pregătiți o baie de apă și puneți Sous Vide în ea. Setați la 175F. Pune roșiile, oregano, usturoiul, ceapa și zahărul într-o pungă sigilabilă în vid. Eliberați aerul folosind metoda de deplasare a apei, sigilați și scufundați punga în baia de apă. Gatiti 15 minute.

Când cronometrul s-a oprit, scoateți punga și transferați conținutul într-un blender și procesați timp de 1 minut până la omogenizare. Deasupra cu piper negru.

Piure de ardei

Timp de preparare + gătire: 40 minute | Porții: 4

Ingrediente:

8 ardei rosii, cu seminte

⅓ cană ulei de măsline

2 linguri suc de lamaie

3 catei de usturoi, macinati

2 lingurite boia dulce

Traseu:

Pregătiți o baie de apă, introduceți Sous Vide și setați la 183F. Pune boia de ardei, usturoiul și uleiul de măsline într-un sac de vid. Folosind metoda de deplasare a apei, eliberați aerul, sigilați și scufundați pungile în baia de apă. Setați cronometrul pentru 20 de minute și gătiți.

Când cronometrul sa oprit, scoateți punga și sigilați-o. Pune boia și usturoi într-un blender și pasează până se omogenizează. Pune o tigaie la foc mediu; se adauga pasta de boia de ardei si celelalte ingrediente. Gatiti 3 minute. Se serveşte cald sau rece ca o baie.

Condimente de jalapeno

Timp de preparare + gătire: 70 minute | Porții: 6

Ingrediente:

2 ardei jalapeno
2 ardei iute verzi
2 catei de usturoi, macinati
1 ceapa, doar curatata
3 lingurițe de pudră de oregano
3 lingurițe pudră de piper negru
2 lingurite pudra de rozmarin
10 lingurițe de praf de anason

Trasee

Pregătiți o baie de apă, introduceți Sous Vide și setați la 185F. Puneți ardeii și ceapa într-o pungă sigilabilă în vid. Eliberați aerul folosind metoda de deplasare a apei, sigilați și scufundați punga în baia de apă. Setați cronometrul pentru 40 de minute.

Când cronometrul sa oprit, scoateți și sigilați punga. Pune ardeiul și ceapa într-un blender cu 2 linguri de apă și pasează până se omogenizează.

Punem o cratita la foc mic, adaugam pasta de ardei si celelalte ingrediente. Se fierbe timp de 15 minute. Opriți focul și răciți. Se pastreaza intr-un borcan de condimente, se da la frigider si se foloseste pana la 7 zile. Folosește-l ca condiment.

Supa de vită

Timp de preparare + gătire: 13 ore 25 minute | Porții: 6

Ingrediente:

3 lb pulpă de vită

1 ½ kg os de vită

½ lb carne de vită tocată

5 căni de piure de roșii

6 cepe dulci

3 capete de usturoi

6 linguri de piper negru

5 crengute de cimbru

4 foi de dafin

10 căni de apă

Traseu:

Preîncălziți cuptorul la 425F. Puneți pulpele și oasele de vită într-o tigaie și frecați-le cu pasta de roșii. Adăugați usturoiul și ceapa. Dacă îl lași deoparte, îl ignori. Asezati si maruntiti carnea tocata intr-o alta tigaie. Dați tigăile la cuptor și coaceți până devin maro închis.

Când sunteți gata, turnați grăsimea din formele de copt. Pregătiți o baie de apă într-o oală mare, introduceți Sous Vide și setați la 195F.

Separați carnea tocată, legumele prăjite, piperul negru, cimbrul și foaia de dafin în 3 pungi de vid. Deglazează tigăile cu apă și pune-le în pungi. Îndoiți partea de sus a pungilor de 2-3 ori.

Puneți pungile în baia de apă și atașați-le la recipientul Sous Vide. Setați cronometrul la Când cronometrul s-a oprit, scoateți pungile și transferați ingredientele într-un bol. Aduceți ingredientele la fiert la foc mare. Gatiti 15 minute. Opriți focul și scurgeți. Folosim bulionul ca bază de supă.

Frec usturoi busuioc

Timp de preparare + gătire: 55 minute | Porții: 15

Ingrediente:

2 capete de usturoi, zdrobite
2 lingurite ulei de masline
Putina sare
1 cap de fenicul, tocat
în coaja și zeama a 2 lămâi
¼ zahăr
25 de frunze de busuioc

Traseu:

Pregătiți o baie de apă, introduceți Sous Vide și setați la 185F. Puneți feniculul și zahărul într-o pungă sigilabilă în vid. Eliberați aerul folosind metoda de deplasare a apei, sigilați și scufundați punga în baia de apă. Setați cronometrul pentru 40 de minute. Când cronometrul sa oprit, scoateți și sigilați punga.

Pune feniculul, zahărul și celelalte ingrediente enumerate într-un blender și se pasează până la omogenizare. Păstrați într-un recipient pentru condimente și dați la frigider până la o săptămână.

Dressing balsamic cu miere și ceapă

Timp de preparare + gătire: 1 oră 55 minute | Porții: 1)

Ingrediente

3 cepe dulci, tocate mărunt

1 lingura de unt

Sare si piper negru dupa gust

2 linguri de otet balsamic

1 lingura de miere

2 lingurițe frunze de cimbru proaspăt

Trasee

Pregătiți o baie de apă și puneți Sous Vide în ea. Setați la 186F.

Încinge o tigaie la foc mediu cu unt. Adăugați ceapa, asezonați cu sare și piper și gătiți timp de 10 minute. Adăugați oțetul balsamic și gătiți timp de 1 minut. Luați focul și turnați mierea.

Puneți amestecul într-o pungă sigilabilă în vid. Eliberați aerul folosind metoda de deplasare a apei, sigilați și scufundați punga în baia de apă. Gatiti 90 de minute. Când cronometrul s-a oprit, scoateți punga și transferați-o pe o farfurie. Se ornează cu cimbru proaspăt. Serviți cu pizza sau sandvișuri.

Sos de rosii

Timp de preparare + gătire: 55 minute | Porții: 4

Ingrediente:

1 conserve de roșii, zdrobite

1 ceapă albă mică, tăiată cubulețe

1 cană frunze de busuioc proaspăt

1 lingura ulei de masline

1 cățel de usturoi, zdrobit

Sarat la gust

1 frunză de dafin

1 ardei iute roșu

Traseu:

Pregătiți o baie de apă, introduceți Sous Vide și setați la 185F. Puneți toate ingredientele enumerate într-o pungă sigilabilă în vid. Eliberați aerul folosind metoda de deplasare a apei, sigilați și scufundați punga în baia de apă. Setați cronometrul pentru 40 de minute. Când cronometrul sa oprit, scoateți și sigilați punga. Aruncați frunza de dafin și transferați restul ingredientelor într-un blender și faceți piure până la omogenizare. Serviți ca garnitură.

Stoc de fructe de mare

Timp de preparare + gătire: 10 ore 10 minute | Porții: 6

Ingrediente:

1 lb coji de creveți cu cap și coadă
3 căni de apă
1 lingura ulei de masline
2 lingurite de sare
2 crengute rozmarin
½ cap de usturoi, zdrobit
½ cană de țelină, tocată

Traseu:

Pregătiți o baie de apă, introduceți Sous Vide și setați la 180F. Se amestecă creveții cu ulei de măsline. Puneți creveții cu celelalte ingrediente enumerate într-o pungă sigilabilă în vid. Eliberați aerul, sigilați și scufundați punga în baia de apă și setați temporizatorul pentru 10 ore.

Ciorba de peste

Timp de preparare + gătire: 10 ore 15 minute | Porții: 4

Ingrediente:

5 căni de apă

½ lb file de pește, pe piele

1 kg cap de peste

5 cepe verzi medii

3 cepe dulci

¼ lb alge negre (Kombu)

Traseu:

Pregătiți o baie de apă, introduceți Sous Vide și setați-l la 194 F. Împărțiți toate ingredientele enumerate în mod egal în 2 pungi de vid, îndoind partea superioară a pungilor de 2 ori. Puneți-le în baia de apă și atașați-le la recipientul Sous Vide. Setați cronometrul la ora 10.

Când cronometrul s-a oprit, scoateți pungile și transferați ingredientele într-un bol. Gatiti ingredientele la foc mare timp de 5 minute. Se pune la frigider si se poate folosi maxim 14 zile.

Sos de sparanghel cu mustar

Timp de preparare + gătire: 30 minute | Porții: 2

Ingrediente

1 buchet sparanghel mare
Sare si piper negru dupa gust
¼ cană ulei de măsline
1 lingurita mustar de Dijon
1 lingurita marar
1 lingurita otet de vin rosu
1 ou fiert tare, tocat
Pătrunjel proaspăt, tocat

Trasee

Pregătiți o baie de apă și puneți Sous Vide în ea. Setați la 186F.

Tăiați fundul sparanghelului și aruncați-l.

Curățați baza tulpinii și puneți-o într-o pungă sigilabilă în vid. Eliberați aerul folosind metoda de deplasare a apei, sigilați și scufundați punga în baia de apă. Gatiti 15 minute.

Când cronometrul s-a oprit, scoateți punga și transferați-o într-o baie de gheață. Separați sucurile de gătit. Pentru vinegretă, combinați uleiul de măsline, oțetul și muștarul într-un castron; Amesteca bine. Se condimentează cu sare și se pune într-un borcan de zidărie. Sigilați și agitați bine. Puneți deasupra pătrunjelul, oul și vinaigreta.

Stocul de plante

Timp de preparare + gătire: 12 ore 35 minute | Porții: 10)

Ingrediente:

1 ½ cană rădăcină de țelină, tăiată cubulețe
1 ½ cană de praz, tăiat cubulețe
½ cană de fenicul, tăiat cubulețe
4 catei de usturoi, macinati
1 lingura ulei de masline
6 căni de apă
1 ½ cană de ciuperci
½ cana patrunjel, tocat
1 lingura piper negru
1 frunză de dafin

Traseu:

Pregătiți o baie de apă, introduceți Sous Vide și setați la 180F. Preîncălziți cuptorul la 450F. Pune prazul, telina, feniculul, usturoiul si uleiul de masline intr-un castron. Aruncă-le. Se pune pe o tava de copt si se da la cuptor. Coaceți timp de 20 de minute.

Puneți legumele prăjite într-o pungă care se închide în vid cu suc, apă, pătrunjel, piper, ciuperci și foi de dafin. Eliberați aerul, sigilați și scufundați punga în baia de apă și setați temporizatorul pentru 12 ore. Acoperiți vasul băii de apă cu folie de plastic pentru a reduce evaporarea și curgeți apă în baie pentru a acoperi legumele.

Când cronometrul sa oprit, scoateți și sigilați punga. Filtrați ingredientele. Se da la frigider si se foloseste congelat pana la 1 luna.

Când cronometrul sa oprit, scoateți și sigilați punga. Filtrați ingredientele. Se da la frigider si se foloseste congelat pana la 2 saptamani.

Brânză Edamame Tabasco cu usturoi

Timp de preparare + gătire: 1 oră 6 minute | Porții: 4

Ingrediente

1 lingura ulei de masline
4 căni de edamame proaspăt în păstăi
1 lingurita de sare
1 catel de usturoi, tocat
1 lingură fulgi de ardei roșu
1 lingura sos Tabasco

Trasee

Pregătiți o baie de apă și puneți Sous Vide în ea. Setați la 186F.

Se încălzește o oală cu apă la foc mare și se fierbe vasele de edamame timp de 60 de secunde. Se filtrează și se pune într-o baie de apă cu gheață. Se amestecă usturoiul, fulgii de ardei roșu, sosul tabasco și uleiul de măsline.

Puneți edamame într-o pungă sigilabilă în vid. Se toarnă sosul tabasco. Eliberați aerul folosind metoda de deplasare a apei, sigilați și scufundați punga în baia de apă. Gatiti 1 ora. Când cronometrul s-a oprit, scoateți punga, transferați într-un bol și serviți.

Piure de mazăre cu ierburi

Timp de preparare + gătire: 55 minute | Porții: 6

Ingrediente

½ cană bulion de legume

1 kilogram de mazăre de zăpadă proaspătă

Zest de 1 lămâie

2 linguri busuioc proaspăt tocat

1 lingura ulei de masline

Sare si piper negru dupa gust

2 linguri arpagic proaspat tocat

2 linguri patrunjel proaspat tocat

¾ lingurita praf de usturoi

Trasee

Pregătiți o baie de apă și puneți Sous Vide în ea. Setați la 186F.

Combinați mazărea, coaja de lămâie, busuiocul, uleiul de măsline, piperul negru, arpagicul, pătrunjelul, sarea și pudra de usturoi și puneți-le într-o pungă sigilabilă în vid. Eliberați aerul folosind metoda de deplasare a apei, sigilați și scufundați punga în baia de apă. Gatiti 45 de minute. Când cronometrul s-a oprit, scoateți punga, transferați-le într-un blender și amestecați bine.

Piure de cartofi prăjiți cu salvie

Timp de preparare + gătire: 1 oră 35 minute | Porții: 6

Ingrediente

¼ cană unt

12 cartofi dulci, nedecojiti

10 catei de usturoi, tocati marunt

4 lingurite de sare

6 linguri ulei de măsline

5 crengute proaspete de salvie

1 lingura boia

Trasee

Pregătiți o baie de apă și puneți Sous Vide în ea. Setați la 192F.

Combinați cartofii, usturoiul, sarea, uleiul de măsline și 2 sau 3 crenguțe de cimbru și puneți-le într-o pungă sigilabilă în vid. Eliberați aerul folosind metoda de deplasare a apei, sigilați și scufundați punga în baia de apă. Gatiti 1 ora si 15 minute.

Preîncălziți cuptorul la 450F. Când cronometrul s-a oprit, scoateți cartofii și transferați-i într-un bol. Separați sucurile de gătit.

Amesteca bine cartofii cu untul si izvorul de salvie ramas. Se transfera pe o tava tapetata in prealabil cu folie de aluminiu. Faceți o fântână în centrul cartofului și turnați în el sucul de gătit. Coaceți cartofii timp de 10 minute, apoi întoarceți-i după 5 minute. Aruncă înțeleptul. Se aseaza pe un platou si se serveste presarat cu boia.

Sparanghel uns cu unt cu cimbru și brânză

Timp de preparare + gătire: 21 minute | Porții: 6

Ingrediente

¼ cană brânză Pecorino Romano ras

16 oz sparanghel proaspăt, tocat

4 linguri de unt, taiate cubulete

Sarat la gust

1 catel de usturoi, tocat

1 lingura de cimbru

Trasee

Pregătiți o baie de apă și puneți Sous Vide în ea. Setați la 186F.

Puneți sparanghelul într-o pungă sigilabilă în vid. Adăugați cuburi de unt, usturoi, sare și cimbru. Eliberați aerul folosind metoda de deplasare a apei, sigilați și scufundați punga în baia de apă. Gatiti 14 minute.

Când cronometrul s-a oprit, scoateți punga și transferați sparanghelul pe o farfurie. Stropiți cu puțin suc de gătit. Se ornează cu brânză Pecorino Romano.

Delicios pastarnac cu glazura de miere

Timp de preparare + gătire: 1 oră 8 minute | Porții: 4

Ingrediente

1 kg păstârnac, decojit și tocat

3 linguri de unt

2 linguri de miere

1 lingurita ulei de masline

Sare si piper negru dupa gust

1 lingura patrunjel proaspat tocat

Trasee

Pregătiți o baie de apă și puneți Sous Vide în ea. Setați la 186F.

Pune păstârnacul, untul, mierea, uleiul de măsline, sare și piper într-un sac de vid. Eliberați aerul folosind metoda de deplasare a apei, sigilați și scufundați punga în baia de apă. Gatiti 1 ora.

Încinge o tigaie la foc mediu. Când cronometrul s-a oprit, scoateți punga și turnați conținutul în tigaie și gătiți timp de 2 minute până când lichidul este limpede. Se adauga patrunjelul si se amesteca repede. Servere.

Sandviş cu cremă de roşii cu brânză

Timp de preparare + gătire: 55 minute | Porții: 8)

Ingrediente

½ cană cremă de brânză

2 kilograme de roşii tăiate felii

Sare si piper negru dupa gust

2 linguri ulei de masline

2 catei de usturoi, tocati marunt

½ linguriță de salvie proaspătă tocată

⅛ linguriță fulgi de ardei roşu

½ lingurita otet de vin alb

2 linguri de unt

4 felii de pâine

2 felii de brânză halloumi

Trasee

Pregătiți o baie de apă şi puneți Sous Vide în ea. Setați la 186F. Puneți roşiile într-o strecurătoare peste un bol şi asezonați cu sare. Amesteca bine. Se lasa la racit 30 de minute. Aruncați sucurile. Se amestecă ulei de măsline, usturoi, salvie, piper negru, sare şi fulgi de piper.

Puneți într-o pungă sigilabilă în vid. Eliberați aerul folosind metoda de deplasare a apei, sigilați și scufundați punga în baia de apă. Gatiti 40 de minute.

Când cronometrul s-a oprit, scoateți punga și transferați-l într-un blender. Adăugați oțet și cremă de brânză. Se amestecă până la omogenizare. Se aseaza pe o farfurie si se adauga sare si piper daca este necesar.

Cum se prepară bețișoarele de brânză: Se încălzește o tigaie la foc mediu. Ungeți feliile de pâine cu unt și puneți-le în tavă. Asezati felii de branza pe paine si asezati pe alta paine cu unt. Se prăjește timp de 1-2 minute. Repetați cu restul pâinii. Tăiați în cuburi. Serviți peste supa fierbinte.

Salată de sfeclă de arțar cu nuci caju și Queso Fresco

Timp de preparare + gătire: 1 oră 35 minute | Porții: 8)

Ingrediente

6 sfeclă mare, decojită și tăiată cubulețe
Sare si piper negru dupa gust
3 linguri sirop de artar
2 linguri de unt
Coaja de 1 portocală mare
1 lingura ulei de masline
½ linguriță piper cayenne
1½ cani de caju
6 căni de rucola
3 mandarine, decojite și tăiate felii
1 cană queso fresco, mărunțit

Trasee

Pregătiți o baie de apă și puneți Sous Vide în ea. Setați la 186F.

Puneți bucățile de morcov într-o pungă sigilabilă în vid. Adăugați sare și piper. Adăugați 2 linguri de sirop de arțar, unt și coaja de portocală. Eliberați aerul folosind metoda de deplasare a apei, sigilați și scufundați punga în baia de apă. Gatiti 1 ora si 15 minute.

Preîncălziți cuptorul la 350F.

Se amestecă siropul de arțar rămas, uleiul de măsline, sarea și cayenne. Adăugați caju și amestecați bine. Amestecul de nuci caju se pune intr-o tigaie tapetata cu boia si se fierbe 10 minute. Se da deoparte si se lasa sa se raceasca.

Când cronometrul s-a oprit, scoateți sfecla roșie și turnați sucul de gătit. Asezati rucola pe o farfurie, deasupra sfecla rosie si feliile de mandarina. Pentru a servi, stropiți cu amestec de queso fresco și nuci caju.

Ardei brânză cu conopidă

Timp de preparare + gătire: 52 minute | Porții: 5

Ingrediente

½ cană de brânză provolone rasă

1 cap de conopida, taiat buchetele

2 catei de usturoi, tocati marunt

Sare si piper negru dupa gust

2 linguri de unt

1 lingura ulei de masline

½ ardei gras rosu mare, taiat fasii

½ ardei gras galben mare, tăiat fâșii

½ ardei gras portocaliu mare, tăiat fâșii

Trasee

Pregătiți o baie de apă și puneți Sous Vide în ea. Setați la 186F.

Amestecați bine buchețelele de conopidă, 1 cățel de usturoi, sare, piper, jumătate de unt și jumătate de ulei de măsline.

Într-un alt castron, amestecați boia de ardei, usturoiul rămas, sarea rămasă, piper, untul rămas și uleiul de măsline rămas.

Puneți conopida într-o pungă sigilabilă în vid. Puneți ardeii într-o altă pungă de vid. Folosind metoda de deplasare a apei, eliberați aerul, sigilați și scufundați pungile în baia de apă. Gatiti 40 de minute.

Când cronometrul s-a oprit, scoateți pungile și turnați conținutul într-un bol. Se toarnă lichidul de gătit. Se amestecă legumele și se stropește cu brânză provolone.

Supa crema de dovlecei de toamna

Timp de preparare + gătire: 2 ore 20 minute | Porții: 6

Ingrediente

¾ cană smântână groasă

1 dovleac de toamna taiat in bucatele mici

1 para mare

½ ceapă galbenă, tăiată cubulețe

3 crengute de cimbru proaspat

1 catel de usturoi, tocat marunt

1 lingurita chimen macinat

Sare si piper negru dupa gust

4 linguri de crème fraîche

Trasee

Pregătiți o baie de apă și puneți Sous Vide în ea. Setați la 186F.

Amestecați dovleceii, perele, ceapa, cimbrul, usturoiul, chimenul și sarea. Puneți într-o pungă sigilabilă în vid. Eliberați aerul folosind metoda de deplasare a apei, sigilați-l și scufundați-l într-o baie de apă. Gatiti 2 ore.

Când cronometrul sa oprit, scoateți punga și transferați conținutul într-un blender. Se face piure până la omogenizare. Se adauga smantana si se amesteca bine. Adăugați sare și piper. Puneți amestecul în boluri de servire și turnați peste niște cremă frage. Se ornează cu bucăți de pere.

Supă de cartofi de țelină și praz

Timp de preparare + gătire: 2 ore 15 minute | Porții: 8)

Ingrediente

8 linguri de unt
4 cartofi roșii tăiați felii
1 ceapă galbenă, tăiată în bucăți de ¼ inch
1 tulpină de țelină, tăiată în bucăți de jumătate de inch
4 căni de praz cubulețe de ½ inch, numai părți albe
1 cană bulion de legume
1 morcov, tocat fin
4 catei de usturoi, tocati
2 foi de dafin
Sare si piper negru dupa gust
2 căni de smântână groasă
¼ cană de arpagic proaspăt tocat

Trasee

Pregătiți o baie de apă și puneți Sous Vide în ea. Setați la 186F.

Puneți cartofii, morcovii, ceapa, țelina, prazul, supa de legume, untul, usturoiul și foile de dafin într-o pungă sigilabilă în vid.

Eliberați aerul folosind metoda de deplasare a apei, sigilați și scufundați punga în baia de apă. Gatiti 2 ore.

Când cronometrul s-a oprit, scoateți punga și transferați-l într-un blender. Aruncați frunzele de dafin. Se amestecă conținutul, se condimentează cu sare și piper. Se toarnă încet crema și se bate până se omogenizează în 2-3 minute. La servire, se golește conținutul și se ornează cu arpagic.

Salată de verdeață cu lămâie cu afine

Timp de preparare + gătire: 15 minute | Porții: 6

Ingrediente

6 căni de legume proaspete

6 linguri ulei de măsline

2 catei de usturoi, macinati

4 linguri suc de lamaie

½ lingurita de sare

¾ cană de afine uscate

Trasee

Pregătiți o baie de apă și puneți Sous Vide în ea. Setați la 196F. Se amestecă ierburile cu 2 linguri de ulei de măsline. Puneți într-o pungă sigilabilă în vid. Eliberați aerul folosind metoda de deplasare a apei, sigilați și scufundați punga în baia de apă. Gatiti 8 minute.

Se amestecă restul de ulei de măsline, usturoiul, zeama de lămâie și sarea. Când cronometrul s-a oprit, scoateți varza și transferați-o pe o farfurie. Stropiți cu dressing. Se ornează cu afine.

Porumb citrice cu sos de rosii

Timp de preparare + gătire: 55 minute | Porții: 8)

Ingrediente

⅓ cană ulei de măsline

4 spice de porumb galben, decojite

Sare si piper negru dupa gust

1 roșie mare, tocată

3 linguri suc de lamaie

2 catei de usturoi, tocati marunt

1 ardei serrano, cu seminte

4 salote, doar părți verzi, tocate mărunt

½ buchet frunze proaspete de coriandru, tocate

Trasee

Pregătiți o baie de apă și puneți Sous Vide în ea. Setați la 186F. Bateți porumbul cu ulei de măsline și asezonați cu sare și piper. Puneți-le într-o pungă sigilabilă în vid. Eliberați aerul folosind metoda de deplasare a apei, sigilați și scufundați punga în baia de apă. Gatiti 45 de minute.

Între timp, amestecați roșiile, sucul de lămâie, usturoiul, ardeiul serrano, ceapa, coriandru și uleiul de măsline rămas într-un castron. Preîncălziți un grătar la foc mare.

Când cronometrul s-a oprit, scoateți porumbul, transferați-l pe grătar și gătiți timp de 2-3 minute. Lasă-l să se răcească. Tăiați semințele din știulete și turnați peste ele sosul de roșii. Serviți cu pește, salată sau chipsuri tortilla.

Ghimbir Tamari varza de Bruxelles cu susan

Timp de preparare + gătire: 43 minute | Porții: 6

Ingrediente

1½ kilograme de varză de Bruxelles, tăiate la jumătate
2 catei de usturoi, tocati marunt
2 linguri de ulei vegetal
1 lingura sos tamari
1 lingurita ghimbir ras
¼ linguriță fulgi de ardei roșu
¼ lingurita ulei de susan prajit
1 lingura de seminte de susan

Trasee

Pregătiți o baie de apă și puneți Sous Vide în ea. Setați la 186F. Încinge o cratiță la foc mediu și amestecă usturoiul, uleiul vegetal, sosul tamari, ghimbirul și fulgii de ardei roșu. Gatiti 4-5 minute. Dacă îl lași deoparte, îl ignori.

Puneți varza de Bruxelles într-o pungă care se sigilează în vid și turnați amestecul de tamari în ea. Eliberați aerul folosind metoda de deplasare a apei, sigilați și scufundați punga în baia de apă. Gatiti 30 de minute.

Când cronometrul s-a oprit, scoateți punga și uscați cu un prosop de bucătărie. Rezervați sucurile de gătit. Puneți mugurii într-un bol și amestecați cu uleiul de susan. Puneți mugurii pe o farfurie și stropiți cu suc de gătit. Se ornează cu semințe de susan.

Salată de spanac cu sfeclă roșie

Timp de preparare + gătire: 2 ore 25 minute | Porții: 3

Ingrediente:

1 ¼ cană de sfeclă, tăiată și tăiată în bucăți mici

1 cană spanac proaspăt, tocat

2 linguri ulei de masline

1 lingura suc de lamaie, proaspat stors

1 lingurita otet balsamic

2 catei de usturoi, macinati

1 lingura de unt

Sare si piper negru dupa gust

Traseu:

Clătiți și curățați bine sfecla roșie. Tăiați în bucăți mici și puneți-le într-o pungă sigilabilă cu unt și usturoi presat. Gătiți în Sous Vide timp de 2 ore la 185F. Se da deoparte la racit.

Se fierbe o oală mare cu apă și se adaugă spanacul. Se fierbe timp de un minut, apoi se ia de pe foc. Scurgeți bine. Transferați într-o pungă sigilabilă în vid și gătiți în Sous Vide timp de 10 minute la 180F. Scoateți din baia de apă și răciți complet. Se pune intr-un castron mare si se adauga sfecla rosie fiarta. Asezonați după gust cu sare, piper, oțet, ulei de măsline și suc de lămâie. Serviți imediat.

Usturoi cu menta verde

Timp de preparare + gătire: 30 minute | Porții: 2

Ingrediente:

½ cană cicoare proaspătă, rasă

½ cană sparanghel sălbatic, tocat

½ cană de mătgul elvețian, mărunțit

¼ cană mentă proaspătă, tocată

¼ cană rucola, mărunțită

2 catei de usturoi, tocati marunt

½ lingurita de sare

4 linguri suc de lamaie, proaspat stors

2 linguri ulei de masline

Traseu:

Umpleți o oală mare cu apă cu sare și adăugați verdeață. Gatiti 3 minute. Scoateți și goliți. Apăsați ușor cu mâinile și tăiați legumele cu un cuțit ascuțit. Transferați într-o pungă mare care se sigilează în vid și gătiți în Sous Vide timp de 10 minute la 162F. Scoateți din baia de apă și lăsați deoparte.

Încinge ulei de măsline la foc mediu într-o tigaie mare. Adăugați usturoiul și gătiți timp de 1 minut. Se amestecă verdeața și se condimentează cu sare. Stropiți cu suc proaspăt de lămâie și serviți.

Varza de Bruxelles in vin alb

Timp de preparare + gătire: 35 minute | Porții: 4

Ingrediente:

1 kg varza de Bruxelles, tocata

½ cană ulei de măsline extravirgin

½ cană de vin alb

Sare si piper negru dupa gust

2 linguri patrunjel proaspat, tocat marunt

2 catei de usturoi, macinati

Traseu:

Puneți varza de Bruxelles într-o pungă mare, sigilabilă în vid, cu trei linguri de ulei de măsline. Gatiti in Sous Vide timp de 15 minute la 180F. Scoate-l din geantă.

Încălziți restul de ulei de măsline într-o tigaie mare, antiaderentă. Adăugați varza de Bruxelles, usturoiul zdrobit, sare și piper. Prăjiți scurt, agitând tigaia de câteva ori, până când toate părțile sunt ușor rumenite. Adăugați vin și aduceți la fierbere. Se amestecă bine și se ia de pe foc. Se presara deasupra patrunjel tocat marunt si se serveste.

Salată de sfeclă roșie și brânză de capră

Timp de preparare + gătire: 2 ore 20 minute | Porții: 3

Ingrediente:

1 kg sfeclă roșie, tăiată în felii
½ cană migdale, albite
2 linguri de alune, decojite
2 lingurite ulei de masline
1 catel de usturoi, tocat marunt
1 lingurita chimen praf
1 lingurita coaja de lamaie
Sarat la gust
½ cană brânză de capră, mărunțită
Frunze de mentă proaspătă pentru decor

Pansament:

2 linguri ulei de masline
1 lingura otet de mere

Traseu:

Pregătiți o baie de apă, introduceți Sous Vide și setați la 183F.

Puneți sfecla într-o pungă sigilabilă în vid. Eliberați aerul folosind metoda de deplasare a apei, sigilați și scufundați punga în baia de apă și setați temporizatorul pentru 2 ore. Când cronometrul sa oprit, scoateți și sigilați punga. Pune sfecla deoparte.

Pune o tigaie la foc mediu, adaugă migdalele și alunele și prăjește timp de 3 minute. Așezați pe o masă de tăiat și tocați. Adăugați ulei în aceeași tigaie, adăugați usturoiul și chimenul. Gatiti timp de 30 de secunde. Opriți căldura. Adaugati intr-un castron branza de capra, amestecul de migdale, coaja de lamaie si amestecul de usturoi. Amesteca. Bateți uleiul de măsline și oțetul până devine spumos și lăsați deoparte. Serviți ca garnitură.

Supă de broccoli cu conopidă

Timp de preparare + gătire: 70 minute | Porții: 2

Ingrediente:

1 conopidă medie tăiată buchete mici
½ lb broccoli, tăiat în bucheţe mici
1 ardei gras verde, tocat
1 ceapă, tăiată cubuleţe
1 lingurita ulei de masline
1 căţel de usturoi, zdrobit
½ cană bulion de legume
½ cană lapte degresat

Traseu:

Pregătiți o baie de apă, introduceți Sous Vide și setați la 185F.

Puneți conopida, broccoli, ardeii și usturoiul într-o pungă care se închide în vid și turnați ulei de măsline în el. Eliberați aerul folosind metoda de deplasare a apei și sigilați punga. Scufundați punga într-o baie de apă. Setați cronometrul pentru 50 de minute și gătiți.

Când cronometrul sa oprit, scoateți punga și sigilați-o. Pune legumele într-un blender, adaugă usturoiul și laptele și pasează până se omogenizează.

Se pune o tigaie la foc mediu, se adaugă piureul de legume și sucul de legume și se fierbe timp de 3 minute. Adăugați sare și piper. Se servește fierbinte ca garnitură.

Unt de mazare cu menta

Timp de preparare + gătire: 25 minute | Porții: 2

Ingrediente:

1 lingura de unt
½ cană de mazăre de zăpadă
1 lingura frunze de menta, tocate
Putina sare
Zahăr după gust

Traseu:

Pregătiți o baie de apă, introduceți Sous Vide și setați la 183F. Pune toate ingredientele într-o pungă sigilabilă în vid. Eliberați aerul folosind metoda de deplasare a apei, etanșați și scufundați-vă în baie. Gatiti 15 minute.

Când cronometrul sa oprit, scoateți și sigilați punga. Pune ingredientele pe o farfurie. Serviți ca condiment.

Varza de Bruxelles in sirop dulce

Timp de preparare + gătire: 75 minute | Porții: 3

Ingrediente:

4 lb varză de Bruxelles, tăiată la jumătate

3 linguri ulei de masline

¾ cană sos de pește

3 linguri de apă

2 linguri de zahar

1 ½ linguriță oțet de orez

2 lingurite suc de lamaie

3 ardei iute roșii, tăiați subțiri

2 catei de usturoi, tocati

Traseu:

Pregătiți o baie de apă, introduceți Sous Vide și setați la 183F. Se toarnă varza de Bruxelles, sarea și uleiul într-o pungă sigilabilă în vid, eliberați aerul folosind metoda de deplasare a apei, sigilați și scufundați punga în baia de apă. Setați cronometrul pentru 50 de minute.

După ce cronometrul se oprește, scoateți punga, sigilați-o și transferați varza de Bruxelles pe o tavă de copt tapetată cu folie.

Preîncălziți un broiler la mare, puneți foaia de copt în el și gătiți timp de 6 minute. Turnați varza de Bruxelles într-un castron.

Pregătiți sosul: adăugați celelalte ingrediente de gătit enumerate într-un bol și amestecați. Adăugați sosul la varza de Bruxelles și amestecați uniform. Serviți ca garnitură.

Ridichi cu brânză de plante

Timp de preparare + gătire: 1 oră 15 minute | Porții: 3

Ingrediente:

10 oz brânză de capră

4 oz cremă de brânză

¼ cană ardei gras roșu, tocat mărunt

3 linguri de pesto

3 lingurite suc de lamaie

2 linguri patrunjel

2 catei de usturoi

9 ridichi mari, feliate.

Traseu:

Pregătiți o baie de apă, introduceți Sous Vide și setați la 181F. Puneți feliile de ridichi într-o pungă sigilabilă în vid, eliberați aerul și sigilați. Scufundați punga într-o baie de apă și setați cronometrul pentru 1 oră.

Se amestecă celelalte ingrediente enumerate într-un bol și se toarnă într-o pungă. Dacă îl lași deoparte, îl ignori. Când cronometrul sa oprit, scoateți punga și sigilați-o. Asezati feliile de ridichi pe o farfurie si intindeti amestecul de branza peste fiecare felie. Serviți ca gustare.

Varză balsamică la abur

Timp de preparare + gătire: 1 oră 45 minute | Porții: 3

Ingrediente:

1 kg de varză roșie, tăiată în sferturi și îndepărtată miezul
1 șalotă, feliată subțire
2 catei de usturoi, feliati subtiri
½ linguriță de oțet balsamic
½ lingurita unt nesarat
Sarat la gust

Traseu:

Pregătiți o baie de apă, introduceți Sous Vide și setați la 185F. Împărțiți varza și celelalte ingrediente în 2 pungi sigilabile în vid. Eliberați aerul folosind metoda de deplasare a apei și sigilați pungile. Scufundați-le într-o baie de apă și setați cronometrul pentru 1 oră și 30 de minute.

Când cronometrul sa oprit, scoateți și sigilați pungile. Pune varza intr-un vas de servire cu sucul. Se condimenteaza cu sare si otet dupa gust. Serviți ca garnitură.

Roșii poșate

Timp de preparare + gătire: 45 minute | Porții: 3

Ingrediente:

4 cani de rosii cherry

5 linguri de ulei de măsline

½ lingurita frunze proaspete de rozmarin, tocate

½ lingurita frunze de cimbru proaspat, tocate

Sare si piper negru dupa gust

Traseu:

Pregătiți o baie de apă, puneți Sous Vide în ea și setați-l la 131 F. Împărțiți ingredientele enumerate în 2 pungi sigilabile în vid, asezonați cu sare și piper. Eliberați aerul folosind metoda de deplasare a apei și sigilați pungile. Scufundați-le într-o baie de apă și setați cronometrul pentru 30 de minute.

După ce temporizatorul se oprește, scoateți pungile și sigilați. Pune roșiile cu sucul lor într-un bol. Serviți ca garnitură.

Ratatouille

Timp de preparare + gătire: 2 ore 10 minute | Porții: 3

Ingrediente:

2 dovlecei, feliați

2 rosii, tocate

2 ardei gras roșii, fără semințe și tăiați cubulețe de 2 inci

1 vinete mici, feliate

1 ceapă, tăiată cubulețe de 1 inch

Sarat la gust

½ fulgi de ardei roșu

8 catei de usturoi, macinati

2 ½ linguri ulei de măsline

5 fire + 2 fire frunze de busuioc

Traseu:

Pregătiți o baie de apă, introduceți Sous Vide și setați la 185F. Pune roșiile, dovlecelul, ceapa, ardeiul și vinetele în 5 pungi separate sigilate în vid. Adăugați usturoi, frunze de busuioc și 1 lingură de ulei de măsline în fiecare pungă. Eliberați aerul folosind metoda de deplasare a apei, sigilați și scufundați pungile în baia de apă și setați temporizatorul pentru 20 de minute.

Când cronometrul s-a oprit, scoateți punga de roșii. Dacă îl lași deoparte, îl ignori. Resetați cronometrul la 30 de minute. Când cronometrul s-a oprit, scoateți pungile de dovlecel și ardei roșu. Dacă îl lași deoparte, îl ignori. Resetați cronometrul la 1 oră.

Când cronometrul s-a oprit, scoateți pungile rămase și aruncați usturoiul și frunzele de busuioc. Pune roșiile într-un bol și le pasează ușor cu o lingură. Tăiați legumele rămase și adăugați-le la roșii. Se condimentează cu sare, piper roșu, uleiul de măsline rămas și busuioc. Serviți ca garnitură.

Supă de roșii

Timp de preparare + gătire: 60 minute | Porții: 3

Ingrediente:

2 kg roșii, tăiate în jumătate

1 ceapă, tăiată cubulețe

1 tulpină de țelină, tocată

3 linguri ulei de masline

1 lingura piure de rosii

Un praf de zahar

1 frunză de dafin

Traseu:

Pregătiți o baie de apă, introduceți Sous Vide și setați la 185F. Puneți ingredientele enumerate, cu excepția sării, într-un bol și amestecați. Puneți-le într-o pungă sigilabilă în vid. Eliberați aerul folosind metoda de deplasare a apei, sigilați și scufundați punga în baia de apă. Setați cronometrul pentru 40 de minute.

Când cronometrul sa oprit, scoateți punga și sigilați-o. Piureați ingredientele cu un blender. Se toarnă roșiile amestecate într-o cratiță și se pun la foc mediu. Adăugați sare și gătiți timp de 10 minute. Se toarnă supa în boluri și se răcește. Serviți cald cu pâine cu conținut scăzut de carbohidrați.

Sfeclă înăbușită

Timp de preparare + gătire: 1 oră 15 minute | Porții: 3

Ingrediente:

2 sfecla rosie, curatata de coaja si taiata in felii de 1 cm

⅓ cană de oțet balsamic

½ lingurita ulei de masline

⅓ cană nuci prăjite

⅓ cană brânză Grana Padano, rasă

Sare si piper negru dupa gust

Traseu:

Pregătiți o baie de apă, introduceți Sous Vide și setați la 183F. Puneți sfecla roșie, oțetul și sarea într-o pungă sigilabilă în vid. Eliberați aerul folosind metoda de deplasare a apei, sigilați și scufundați punga în baia de apă. Setați cronometrul pentru 1 oră.

Când cronometrul sa oprit, scoateți și sigilați punga. Puneți sfecla roșie într-un bol, adăugați ulei de măsline și amestecați. Se presară deasupra nuci și brânză. Serviți ca garnitură.

Lasagna de vinete

Timp de preparare + gătire: 3 ore | Porții: 3

Ingrediente:

1 kg vinete, curatate de coaja si taiate felii subtiri
1 lingurita de sare
1 cană sos de roșii, împărțit în 3 părți
2 dl mozzarella proaspata taiata subtire
1 dl parmezan, ras
2 oz amestec de brânză italiană, rasă
3 linguri busuioc proaspăt, tocat

Încărcați:
½ lingură nuci de macadamia, prăjite și tocate
1 dl parmezan, ras
1 oz amestec de brânză italiană, rasă

Traseu:

Pregătiți o baie de apă, introduceți Sous Vide și setați la 183F. Se condimentează vinetele cu sare. Puneți o pungă care se etanșează în vid, faceți un strat din jumătate de vinete, întindeți o praf de sos de roșii, stratați mozzarella, apoi parmezan, apoi amestec de brânză, apoi busuioc. Întindeți deasupra a doua porție de sos de roșii.

Sigilați cu grijă punga folosind metoda de deplasare a apei, de preferință plată. Coborâți punga plat în baia de apă. Setați cronometrul pentru 2 ore și gătiți. În primele 30 de minute, eliberați aerul de 2-3 ori, deoarece vinetele emite gaze în timpul gătirii.

Când cronometrul sa oprit, scoateți cu grijă punga și folosiți un ac pentru a înțepa un colț al pungii pentru a elibera lichidul din pungă. Așezați punga pe o farfurie, tăiați blatul și glisați cu grijă lasagna pe farfurie. Acoperiți cu restul de sos de roșii, nuci de macadamia, amestec de brânză și parmezan. Topiți și agitați brânza cu o torță.

Supa de ciuperci

Timp de preparare + gătire: 50 minute | Porții: 3

Ingrediente:

1 kg ciuperci amestecate

2 cepe, taiate cubulete

3 catei de usturoi

2 fire de patrunjel, tocat

2 linguri de pudră de cimbru

2 linguri ulei de masline

2 căni de smântână

2 căni de bulion de legume

Traseu:

Pregătiți o baie de apă, introduceți Sous Vide și setați la 185F. Puneți ciupercile, ceapa și țelina într-o pungă sigilabilă în vid. Eliberați aerul folosind metoda de deplasare a apei, sigilați și scufundați punga în baia de apă. Setați cronometrul pentru 30 de minute. Când cronometrul sa oprit, scoateți și sigilați punga.

Amestecă ingredientele pentru pungă într-un blender. Pune o tigaie la foc mediu, adaugă ulei de măsline. Cand incepe sa se incinga adaugam ciupercile pasate si restul ingredientelor, mai putin smantana. Gatiti 10 minute. Opriți focul și adăugați smântâna. Se amestecă bine și se servește.

Risotto cu parmezan vegetarian

Timp de preparare + gătire: 65 minute | Porții: 5

Ingrediente:

2 căni de orez Arborio

½ cană de orez alb simplu

1 cană bulion de legume

1 cană de apă

6 până la 8 grame de brânză parmezan, rasă

1 ceapa, tocata

1 lingura de unt

Sare si piper negru dupa gust

Traseu:

Pregătiți o baie de apă și puneți Sous Vide în ea. Setați la 185F. Topiți untul într-o tigaie la foc mediu. Adăugați ceapa, orezul și condimentele și gătiți câteva minute. Transferați într-o pungă sigilabilă în vid. Eliberați aerul folosind metoda de deplasare a apei, sigilați și scufundați punga într-o baie de apă. Setați cronometrul pentru 50 de minute. Când cronometrul s-a oprit, scoateți punga și adăugați parmezanul.

Supă verde

Timp de preparare + gătire: 55 minute | Porții: 3

Ingrediente:

4 cani de supa de legume

1 lingura ulei de masline

1 cățel de usturoi, zdrobit

1 inch ghimbir, feliat

1 lingurita praf de coriandru

1 dovlecel mare, tăiat cubulețe

3 căni de kale

2 cani de broccoli, taiate buchetele

1 lime, zeama si coaja

Traseu:

Pregătiți o baie de apă, introduceți Sous Vide și setați la 185F. Puneți broccoli, dovleceii, kale și pătrunjelul într-un sac de vid. Eliberați aerul folosind metoda de deplasare a apei, sigilați și scufundați punga în baia de apă. Setați cronometrul pentru 30 de minute.

Când cronometrul sa oprit, scoateți și sigilați punga. Pune ingredientele la abur cu usturoi și ghimbir într-un blender. Se face piure până la omogenizare. Turnați piureul verde într-un recipient și adăugați celelalte ingrediente enumerate. Pune oala la foc mediu si lasa sa fiarba 10 minute. Serviți ca o masă ușoară.

Supă mixtă de legume

Timp de preparare + gătire: 55 minute | Porții: 3

Ingrediente:

1 ceapa dulce, taiata felii

1 lingurita praf de usturoi

2 cani de dovlecel, taiati cubulete mici

3 oz coajă de parmezan

2 cesti baby spanac

2 linguri ulei de masline

1 lingurita fulgi de ardei rosu

2 căni de bulion de legume

1 crenguță rozmarin

Sarat la gust

Traseu:

Pregătiți o baie de apă, introduceți Sous Vide și setați la 185F. Se amestecă toate ingredientele, cu excepția usturoiului și a sării, cu ulei de măsline și se pun într-o pungă sigilată cu vid. Eliberați aerul folosind metoda de deplasare a apei, sigilați și scufundați punga în baia de apă. Setați cronometrul pentru 30 de minute.

Când cronometrul sa oprit, scoateți și sigilați punga. Aruncați rozmarinul. Turnați restul ingredientelor într-un bol, adăugați sare și usturoi praf. Pune oala la foc mediu si lasa sa fiarba 10 minute. Serviți ca o masă ușoară.

Wontons de legume cu paprika afumată

Timp de preparare + gătire: 5 ore 15 minute | Porții: 9)

Ingrediente:

Wrap-uri de 10 oz

10 grame de legume la alegere, mărunțite

2 oua

1 lingurita ulei de masline

½ linguriță de pudră de chili

½ lingurita boia afumata

½ linguriță pudră de usturoi

Sare si piper negru dupa gust

Traseu:

Pregătiți o baie de apă și puneți Sous Vide în ea. Setați la 165F.

Bateți oul împreună cu condimentele. Se amestecă legumele și uleiul. Turnați amestecul într-o pungă sigilabilă în vid - Eliberați aerul folosind metoda de deplasare a apei, sigilați și scufundați punga într-o baie de apă. Setați cronometrul pentru 5 ore.

Când cronometrul s-a oprit, scoateți punga și transferați-o într-un bol. Împărțiți amestecul între ravioli, înfășurați-le și apăsați marginile. Gatiti in apa clocotita la foc mediu timp de 4 minute.

Preparat miso cu quinoa și țelină

Timp de preparare + gătire: 2 ore 25 minute | Porții: 6

Ingrediente

1 telina, tocata

1 lingură pastă miso

6 catei de usturoi

5 crengute de cimbru

1 lingurita praf de ceapa

3 linguri de brânză ricotta

1 lingura de seminte de mustar

Suc de ¼ de lămâie mare

5 roșii cherry, tăiate grosier

Pătrunjel tocat

8 grame de unt vegan

8 grame de quinoa fiartă

Trasee

Pregătiți o baie de apă și puneți Sous Vide în ea. Setați la 186F.

Intre timp se incinge o tigaie la foc mediu si se adauga usturoiul, cimbrul si semintele de mustar. Gatiti aproximativ 2 minute. Se adauga untul si se amesteca pana se rumeneste. Se amestecă cu praful de ceapă şi se lasă deoparte. Se lasa sa se raceasca la temperatura camerei. Puneți țelina într-o pungă sigilabilă în vid. Eliberați aerul folosind metoda de deplasare a apei, sigilați și scufundați punga în baia de apă. Gatiti 2 ore.

Când cronometrul s-a oprit, scoateți punga și transferați-o într-o tigaie și amestecați până devine maro auriu. Asezonați cu miso. Dacă îl lași deoparte, îl ignori. Se incinge o tigaie la foc mediu, se adauga rosiile, mustarul si quinoa. Se amestecă cu zeamă de lămâie și pătrunjel. Se amestecă țelina și roșiile și se servesc.

Salată de ridichi și busuioc

Timp de preparare + gătire: 50 minute | Porții: 2

Ingrediente:

20 ridichi mici, tocate

1 lingura otet de vin alb

¼ cană busuioc tocat

½ cană brânză feta

1 lingurita de zahar

1 lingura de apa

¼ lingurita sare

Traseu:

Pregătiți o baie de apă și puneți Sous Vide în ea. Setați la 200F. Puneti ridichile intr-un sac mare de vid si adaugati otetul, zaharul, sarea si apa. Să-l scuturăm. Eliberați aerul folosind metoda de deplasare a apei, sigilați-l și scufundați-l într-o baie de apă. Gatiti 30 de minute. Când cronometrul s-a oprit, scoateți punga și lăsați-o să se răcească într-o baie de gheață. Serviți cald. Se serveste deasupra cu busuioc si branza feta.

Amestecul de boia

Timp de preparare + gătire: 35 minute | Porții: 2

Ingrediente:

1 ardei gras rosu, tocat

1 ardei gras galben, tocat

1 ardei gras verde, tocat

1 ardei gras portocaliu mare, tocat

Sarat la gust

Traseu:

Pregătiți o baie de apă, introduceți Sous Vide și setați la 183F. Puneți toți ardeii cu sare într-o pungă sigilabilă în vid. Eliberați aerul folosind metoda de deplasare a apei, sigilați și scufundați-vă în baia de apă. Setați cronometrul pentru 15 minute. Când cronometrul sa oprit, scoateți și sigilați punga. Serviți boia cu sucul ca garnitură.

Coriandru turmeric quinoa

Timp de preparare + gătire: 105 minute | Porții: 6

Ingrediente:

3 cani de quinoa

2 căni de smântână groasă

½ cană de apă

3 linguri frunze de coriandru

2 linguri pudra de turmeric

1 lingura de unt

½ lingură de sare

Traseu:

Pregătiți o baie de apă și puneți Sous Vide în ea. Setați la 180F.

Pune toate ingredientele într-o pungă sigilabilă în vid. Amesteca bine. Eliberați aerul folosind metoda de deplasare a apei, sigilați și scufundați punga într-o baie de apă. Setați cronometrul pentru 90 de minute. Când cronometrul sa oprit, scoateți geanta. Serviți cald.

Fasole albă de oregano

Timp de preparare + gătire: 5 ore 15 minute | Porții: 8

Ingrediente:

12 grame de fasole albă

1 cană piure de roșii

8 oz supa de legume

1 lingura de zahar

3 linguri de unt

1 cană ceapă tocată

1 ardei gras, tocat

1 lingura de oregano

2 linguri boia de ardei

Traseu:

Pregătiți o baie de apă și puneți Sous Vide în ea. Setați la 185F.

Combinați toate ingredientele într-o pungă sigilabilă în vid. Se amestecă împreună. Eliberați aerul folosind metoda de deplasare a apei, sigilați și scufundați punga într-o baie de apă. Setați cronometrul pentru 5 ore. Când cronometrul sa oprit, scoateți geanta. Serviți cald.

Salată de cartofi și curmale

Timp de preparare + gătire: 3 ore 15 minute | Porții: 6

Ingrediente:

2 kilograme de cartofi, tăiați cubulețe
5 grame de curmale, tocate
½ cană brânză de capră mărunțită
1 lingurita oregano
1 lingura ulei de masline
1 lingura suc de lamaie
3 linguri de unt
1 lingurita coriandru
1 lingurita de sare
1 lingura patrunjel tocat
¼ linguriță de usturoi pudră

Traseu:

Pregătiți o baie de apă și puneți Sous Vide în ea. Setați la 190F.

Pune cartofii, untul, curmalele, oregano, coriandru și sarea într-o pungă care se sigilează în vid. Eliberați aerul folosind metoda de deplasare a apei, sigilați și scufundați punga într-o baie de apă. Setați cronometrul pentru 3 ore.

Când cronometrul s-a oprit, scoateți punga și transferați-o într-un bol. Se amestecă uleiul de măsline, sucul de lămâie, pătrunjelul și pudra de usturoi și se stropesc peste salată. Dacă folosiți brânză, presărați-o deasupra.

Boia de ardei

Timp de preparare + gătire: 3 ore 10 minute | Porții: 4

Ingrediente:

10 grame de gris
4 linguri de unt
1 ½ linguriță boia
10 grame de apă
½ linguriță de sare de usturoi

Traseu:

Pregătiți o baie de apă și puneți Sous Vide în ea. Setați la 180F.

Pune toate ingredientele într-o pungă sigilabilă în vid. Se amestecă cu o lingură pentru a se amesteca bine. Eliberați aerul folosind metoda de deplasare a apei, sigilați și scufundați punga într-o baie de apă. Setați cronometrul pentru 3 ore. Când cronometrul sa oprit, scoateți geanta. Împărțiți între 4 boluri de servire.

Amestecul de legume de struguri

Timp de preparare + gătire 105 minute | Porții: 9)

Ingrediente:

8 cartofi dulci, feliați
2 cepe roșii, tăiate felii
4 grame de roșii, piure
1 lingurita de usturoi tocat marunt
Sare si piper negru dupa gust
1 lingurita suc de struguri

Traseu:

Pregătiți o baie de apă și puneți Sous Vide în ea. Setați la 183F. Puneți toate ingredientele într-o pungă sigilată cu vid cu ¼ de cană de apă. Eliberați aerul folosind metoda de deplasare a apei, sigilați și scufundați punga într-o baie de apă. Setați cronometrul pentru 90 de minute. Când cronometrul sa oprit, scoateți geanta. Serviți cald.

Mâncare cu năut și ciuperci cu mentă

Timp de preparare + gătire: 4 ore 15 minute | Porții: 8

Ingrediente:

9 grame de ciuperci

3 căni de supă de legume

1 kg de năut, înmuiat peste noapte și scurs

1 lingurita de unt

1 lingurita boia

1 lingura mustar

2 linguri suc de rosii

1 lingurita de sare

¼ cană mentă tocată

1 lingura ulei de masline

Traseu:

Pregătiți o baie de apă și puneți Sous Vide în ea. Setați la 195F. Puneți bulionul și năutul într-o pungă care se închide în vid. Eliberați aerul folosind metoda de deplasare a apei, sigilați și scufundați punga într-o baie de apă. Setați cronometrul pentru 4 ore.

Când cronometrul sa oprit, scoateți geanta. Încinge uleiul într-o tigaie la foc mediu. Adăugați ciupercile, sucul de roșii, boia de ardei, sare și muștar. Gatiti 4 minute. Scurgeți năutul și puneți-l în tigaie. Gatiti inca 4 minute. Se amestecă untul și menta.

Caponata de legume

Timp de preparare + gătire: 2 ore 15 minute | Porții: 4

Ingrediente:

4 conserve de roșii prune, zdrobite

2 ardei, feliați

2 dovlecei, feliați

½ ceapă, feliată

2 vinete, feliate

6 catei de usturoi, tocati marunt

2 linguri ulei de masline

6 frunze de busuioc

Sare si piper negru dupa gust

Traseu:

Pregătiți o baie de apă și puneți Sous Vide în ea. Setați la 185F. Combinați toate ingredientele într-o pungă sigilabilă în vid. Eliberați aerul folosind metoda de deplasare a apei, sigilați și scufundați punga într-o baie de apă. Setați cronometrul pentru 2 ore. Când cronometrul s-a oprit, transferați pe o farfurie.

Chard înăbușită cu lime

Timp de preparare + gătire: 25 minute | Porții: 2

2 kilograme de smog elvețian

4 linguri ulei de măsline extravirgin

2 catei de usturoi, macinati

1 lămâie integrală, suc

2 lingurite sare de mare

Traseu:

Clătiți bine majdul și lăsați-l să se scurgă într-o strecurătoare. Tăiați grosier cu un cuțit ascuțit și transferați într-un castron mare. Amestecați 4 linguri de ulei de măsline, usturoi zdrobit, suc de lămâie și sare de mare. Transferați într-un sac mare sigilat cu vid și sigilați. Gătiți sub vide timp de 10 minute la 180 F.

Piure de legume rădăcinoase

Timp de preparare + gătire: 3 ore 15 minute | Porții: 4

Ingrediente:

2 pastarnac, curatati si tocati

1 nap, decojit și tocat

1 cartof dulce mare, decojit și tocat

1 lingura de unt

Sare si piper negru dupa gust

Un praf de nucsoara

¼ linguriță de cimbru

Traseu:

Pregătiți o baie de apă și puneți Sous Vide în ea. Setați la 185F. Puneți legumele într-o pungă sigilabilă în vid. Eliberați aerul folosind metoda de deplasare a apei, sigilați și scufundați-l într-o baie de apă. Gatiti 3 ore. Când este gata, scoateți punga și zdrobiți legumele cu un zdrobitor de cartofi. Amestecați celelalte ingrediente.

Varză și ardei în sos de roșii

Timp de preparare + gătire: 4 ore 45 minute | Porții: 6

Ingrediente:

2 kilograme de varză, feliată

1 cana boia taiata felii

1 cană piure de roșii

2 cepe, feliate

1 lingura de zahar

Sare si piper negru dupa gust

1 lingura coriandru

1 lingura ulei de masline

Traseu:

Pregătiți o baie de apă și puneți Sous Vide în ea. Setați la 184F.

Puneți varza și ceapa într-o pungă care se etanșează în vid și asezonați cu condimente. Adăugați piureul de roșii și amestecați bine. Eliberați aerul folosind metoda de deplasare a apei, sigilați și scufundați punga într-o baie de apă. Setați cronometrul pentru 4 ore și 30 de minute. Când cronometrul sa oprit, scoateți geanta.

Muștar linte și preparat cu roșii

Timp de preparare + gătire: 105 minute | Porții: 8

Ingrediente:

2 cani de linte

1 cutie de rosii tocate, nescurcate

1 cană mazăre verde

3 cani de supa de legume

3 căni de apă

1 ceapa, tocata

1 morcov, feliat

1 lingura de unt

2 linguri de muștar

1 lingurita fulgi de ardei rosu

2 linguri suc de lamaie

Sare si piper negru dupa gust

Traseu:

Pregătiți o baie de apă și puneți Sous Vide în ea. Setați la 192F. Puneți toate ingredientele într-o pungă mare, sigilabilă în vid. Eliberați aerul folosind metoda de deplasare a apei, sigilați-l și scufundați-l în baie. Gatiti 90 de minute. După ce cronometrul s-a oprit, scoateți punga și transferați într-un castron mare și amestecați înainte de a servi.

Piper orez pilaf cu stafide

Timp de preparare + gătire: 3 ore 10 minute | Porții: 6

Ingrediente:

2 căni de orez alb

2 cani de supa de legume

⅔ cană apă

3 linguri de stafide, tocate

2 linguri smantana

½ cana ceapa rosie tocata

1 ardei gras, tocat

Sare si piper negru dupa gust

1 lingurita de cimbru

Traseu:

Pregătiți o baie de apă și puneți Sous Vide în ea. Setați la 180F.

Pune toate ingredientele într-o pungă sigilabilă în vid. Amesteca bine. Eliberați aerul folosind metoda de deplasare a apei, sigilați și scufundați punga într-o baie de apă. Setați cronometrul pentru 3 ore. Când cronometrul sa oprit, scoateți geanta. Serviți cald.

Supa de chimion cu iaurt

Timp de preparare + gătire: 2 ore 20 minute | Porții: 4

Ingrediente

1 lingura ulei de masline
1½ linguriță chimen
1 ceapă medie, tăiată cubulețe
1 praz, tăiat în jumătate și feliat subțire
Sarat la gust
2 kilograme de morcovi, tocați
1 frunză de dafin
3 căni de supă de legume
½ cană iaurt cu lapte integral
Otet de mere
Frunze proaspete de mărar

Trasee

Pregătiți o baie de apă și puneți Sous Vide în ea. Setați la 186F. Se incinge uleiul de masline intr-o tigaie mare la foc mediu si se adauga chimenul. Prăjiți-le timp de 1 minut. Adăugați ceapa, sare și prazul și prăjiți timp de 5-7 minute sau până când se înmoaie. Combinați ceapa, frunza de dafin, morcovul și 1/2 lingură de sare într-un castron mare.

Împărțiți amestecul într-o pungă sigilabilă în vid. Eliberați aerul folosind metoda de deplasare a apei, sigilați și scufundați punga în baia de apă. Gatiti 2 ore.

Când cronometrul s-a oprit, scoateți punga și turnați într-un bol. Adăugați supa de legume și amestecați. Se amestecă iaurtul. Se condimentează supa cu sare și oțet și se servește cu frunzele de mărar.

Dovleac de vară untos

Timp de preparare + gătire: 1 oră 35 minute | Porții: 4

Ingrediente

2 linguri de unt

¾ cană ceapă, tocată

1½ kg de dovleac de vară feliat

Sare si piper negru dupa gust

½ cană lapte integral

2 ouă mari întregi

½ cană de chipsuri de cartofi simpli mărunțiți

Trasee

Pregătiți o baie de apă și puneți Sous Vide în ea. Setați la 175F

Între timp, ungeți niște pahare. Încinge o tigaie mare la foc mediu și topește untul. Adăugați ceapa și fierbeți timp de 7 minute. Adăugați dovleacul, asezonați cu sare și piper și gătiți timp de 10 minute. Împărțiți amestecul în pahare. Se lasa sa se raceasca si se da deoparte.

Bateți laptele, sarea și ouăle într-un castron. Asezonați cu piper. Turnați amestecul în borcane, închideți-le și scufundați-le într-o baie de apă. Gatiti 60 de minute. Când cronometrul s-a oprit, scoateți borcanele și lăsați-le să se răcească timp de 5 minute. Serviți peste chipsuri de cartofi.

Chutney cu ghimbir și nectarine

Timp de preparare + gătire: 60 minute | Porții: 3

Ingrediente

½ cană zahăr granulat

½ cană de apă

¼ cană oțet de vin alb

1 catel de usturoi, tocat

¼ cana ceapa alba, tocata marunt

Suc de 1 lime

2 lingurițe de ghimbir proaspăt ras

2 lingurițe pudră de curry

Un praf de fulgi de ardei rosu

Sare si piper negru dupa gust

Fulgi de boia după gust

4 nectarine mari, feliate

¼ cană busuioc proaspăt tocat

Trasee

Pregătiți o baie de apă și puneți Sous Vide în ea. Setați la 168F.

Încinge o tigaie la foc mediu și amestecă apa, zahărul, oțetul de vin alb și usturoiul. Se amestecă până când zahărul se înmoaie. Adăugați suc de lămâie, ceapa, praf de curry, ghimbir și fulgi de ardei roșu. Se asezoneaza dupa gust cu sare si piper negru. Amesteca bine. Puneți amestecul într-o pungă sigilabilă în vid. Eliberați aerul folosind metoda de deplasare a apei, sigilați și scufundați punga în baia de apă. Gatiti 40 de minute.

Când cronometrul s-a oprit, scoateți punga și puneți-o într-o baie de gheață. Transferați mâncarea pe o farfurie de servire. Se ornează cu busuioc.

Confit de cartofi ruginii rozmarin

Timp de preparare + gătire: 1 oră 15 minute | Porții: 4

Ingrediente

1 kg de cartofi bruni, tăiați în bucăți mici

Sarat la gust

¼ lingurita de piper alb macinat

1 lingurita rozmarin proaspat tocat

2 linguri de unt întreg

1 lingura ulei de porumb

Trasee

Pregătiți o baie de apă și puneți Sous Vide în ea. Setați la 192F. Condimentam cartofii cu rozmarin, sare si piper. Amestecați cartofii cu untul și uleiul. Puneți într-o pungă sigilabilă în vid. Eliberați aerul folosind metoda de deplasare a apei, sigilați și scufundați punga în baia de apă. Gatiti 60 de minute. Când cronometrul s-a oprit, scoateți punga și transferați-o într-un castron mare. Se ornează cu unt și se servește.

Crema de curry si nuca de cocos

Timp de preparare + gătire: 1 oră 10 minute | Porții: 4

Ingrediente

2 pere, fără miez, decojite și feliate
1 lingură pudră de curry
2 linguri de crema de cocos

Trasee

Pregătiți o baie de apă și puneți Sous Vide în ea. Setați la 186F.

Amestecați toate ingredientele și puneți-le într-o pungă sigilabilă în vid. Eliberați aerul folosind metoda de deplasare a apei, sigilați și scufundați punga în baia de apă. Gatiti 60 de minute. Când cronometrul s-a oprit, scoateți punga și transferați-o într-un castron mare. Împărțiți în farfurii și serviți.

Piure moale de broccoli

Timp de preparare + gătire: 2 ore 15 minute | Porții: 4

Ingrediente

1 cap de broccoli taiat buchetele

½ linguriță pudră de usturoi

Sarat la gust

1 lingura de unt

1 lingură de smântână groasă

Trasee

Pregătiți o baie de apă și puneți Sous Vide în ea. Setați la 183F. Combinați broccoli, sarea, pudra de usturoi și smântâna groasă. Puneți într-o pungă sigilabilă în vid. Eliberați aerul folosind metoda de deplasare a apei, sigilați și scufundați punga în baia de apă. Gatiti 2 ore.

După ce cronometrul se oprește, scoateți punga și transferați-l într-un blender pentru a pulsa. Se condimentează și se servește.

Chutney delicios făcut din curmale și mango

Timp de preparare + gătire: 1 oră 45 minute | Porții: 4

Ingrediente

2 kilograme de mango, tocat

1 ceapa mica, taiata cubulete

½ cană zahăr brun deschis

¼ cană curmale

2 linguri otet de mere

2 linguri suc de lamaie proaspat stors

1½ linguriță de semințe de muștar galben

1½ linguriță de semințe de coriandru

Sarat la gust

¼ linguriță pudră de curry

¼ linguriță de turmeric uscat

⅛ linguriță de cayenne

Trasee

Pregătiți o baie de apă și puneți Sous Vide în ea. Setați la 183F.

Se amestecă toate ingredientele. Puneți într-o pungă sigilabilă în vid. Eliberați aerul folosind metoda de deplasare a apei, sigilați și scufundați punga în baia de apă. Gatiti 90 de minute. Când cronometrul s-a oprit, scoateți punga și turnați-o într-un recipient.

Salata de mandarine si fasole verde cu nuca

Timp de preparare + gătire: 1 oră 10 minute | Porții: 8)

Ingrediente

2 kilograme de fasole verde, tocata

2 mandarine

2 linguri de unt

Sarat la gust

2 oz nuci

Trasee

Pregătiți o baie de apă și puneți Sous Vide în ea. Setați la 186F. Amestecați fasolea verde, sarea și untul. Puneți într-o pungă sigilabilă în vid. Adăugați coaja de mandarine și sucul. Eliberați aerul folosind metoda de deplasare a apei, sigilați și scufundați punga în baia de apă. Gatiti 1 ora. Când cronometrul s-a oprit, scoateți punga și transferați-o pe o farfurie. Se presara blatul cu coaja de mandarina si nuca.

Crema de mazare verde cu nucsoara

Timp de preparare + gătire: 1 oră 10 minute | Porții: 8)

Ingrediente

1 kilogram de mazăre verde proaspătă

1 cană smântână pentru frișcă

¼ cană unt

1 lingura amidon de porumb

¼ lingurita nucsoara macinata

4 cuișoare

2 foi de dafin

Piper negru după gust

Trasee

Pregătiți o baie de apă și puneți Sous Vide în ea. Setați la 184F. Amestecă amidonul de porumb, nucșoara și smântâna într-un castron. Se amestecă până când amidonul de porumb se înmoaie.

Puneți amestecul într-o pungă sigilabilă în vid. Eliberați aerul folosind metoda de deplasare a apei, sigilați și scufundați punga în baia de apă. Gatiti 1 ora. După ce cronometrul s-a oprit, scoateți punga și îndepărtați frunza de dafin. Servere.

Piure simplu de broccoli

Timp de preparare + gătire: 60 minute | Porții: 4

Ingrediente

1 cap de broccoli
1 cană bulion de legume
3 linguri de unt
Sarat la gust

Trasee

Pregătiți o baie de apă și puneți Sous Vide în ea. Setați la 186F.

Amestecați broccoli, untul și supa de legume. Puneți într-o pungă sigilabilă în vid. Eliberați aerul folosind metoda de deplasare a apei, sigilați și scufundați punga în baia de apă. Gatiti 45 de minute.

Când cronometrul sa oprit, scoateți sacul și goliți-l. Rezervați sucurile de gătit. Puneți broccoli într-un blender și pasați-o până se omogenizează. Se toarnă puțin din sucul de gătit peste. Asezonați cu sare și piper înainte de servire.

Supă de broccoli cu ardei iute roșu

Timp de preparare + gătire: 1 oră 25 minute | Porții: 8)

Ingrediente

2 linguri ulei de masline

1 ceapă mare, tăiată cubulețe

2 catei de usturoi, taiati felii

Sarat la gust

⅛ linguriță de fulgi de chili roșu zdrobiți

1 cap de broccoli taiat buchetele

1 măr, decojit și tăiat cubulețe

6 căni de supă de legume

Trasee

Pregătiți o baie de apă și puneți Sous Vide în ea. Setați la 183F.

Încinge o tigaie la foc mediu cu ulei până când strălucește. Fierbeți ceapa, 1/4 linguriță sare și usturoi timp de 7 minute. Adăugați fulgii de chili și amestecați bine. Se ia de pe foc. Lasă-l să se răcească.

Pune merele, broccoli, amestecul de ceapa si 1/4 lingura de sare intr-o punga care se sigileaza in vid. Eliberați aerul folosind metoda de deplasare a apei, sigilați și scufundați punga în baia de apă. Gatiti 1 ora.

Când cronometrul s-a oprit, scoateți punga și transferați-o într-un recipient. Se toarnă peste supa de legume și se amestecă. Se condimentează cu sare și se servește.

Porumb miso gras cu susan și miere

Timp de preparare + gătire: 45 minute | Porții: 4

Ingrediente

4 boabe de porumb

6 linguri de unt

3 linguri pastă miso roșie

1 lingurita de miere

1 lingurita ienibahar

1 lingura ulei de rapita

1 șalotă, feliată subțire

1 lingurita de seminte de susan prajite

Trasee

Pregătiți o baie de apă și puneți Sous Vide în ea. Setați la 183F. Curățați porumbul și tăiați spicele. Ungeți fiecare porumb cu 2 linguri de unt. Puneți într-o pungă sigilabilă în vid. Eliberați aerul folosind metoda de deplasare a apei, sigilați și scufundați punga în baia de apă. Gatiti 30 de minute.

Între timp, amestecați într-un castron 4 linguri de unt, 2 linguri de pastă miso, miere, ulei de rapiță și ienibahar. Amesteca bine. Dacă îl lași deoparte, îl ignori. Când cronometrul s-a oprit, scoateți punga și agitați porumbul. Întindeți amestecul de miso deasupra. Se ornează cu ulei de susan și ceapă.

Gnocchi cremos cu mazăre

Timp de preparare + gătire: 1 oră 50 minute | Porții: 2

Ingrediente

1 pachet de gnocchi

1 lingura de unt

½ ceapă dulce tăiată subțire

Sare si piper negru dupa gust

½ cană de mazăre congelată

¼ cană smântână groasă

½ cană brânză Pecorino Romano rasă

Trasee

Pregătiți o baie de apă și puneți Sous Vide în ea. Setați la 183F. Puneți gnocchii într-o pungă sigilabilă în vid. Eliberați aerul folosind metoda de deplasare a apei, sigilați și scufundați punga în baia de apă. Gatiti 1 ora si 30 de minute.

Când cronometrul s-a oprit, scoateți punga și lăsați-o deoparte. Încinge o tigaie la foc mediu cu unt și prăjește ceapa timp de 3 minute. Se adauga mazarea congelata si smantana si se aduce la fierbere. Se amestecă gnocchi cu sosul de smântână, se condimentează cu piper și sare și se servește pe o farfurie.

Salată de mere și rucola

Timp de preparare + gătire: 3 ore 50 minute | Porții: 4

Ingrediente

2 linguri de miere

2 mere, fără miez, tăiate în jumătate și feliate

½ cană nuci, prăjite și tocate

½ cană brânză Grana Padano rasă

4 cani de rucola

Sare de mare dupa gust

<u>Îmbrăcat</u>

¼ cană ulei de măsline

1 lingura otet de vin alb

1 lingurita mustar de Dijon

1 catel de usturoi, tocat

Sarat la gust

Trasee

Pregătiți o baie de apă și puneți Sous Vide în ea. Setați la 158F. Pune mierea într-un vas de sticlă, se încălzește 30 de secunde, se adaugă mărul și se amestecă bine. Puneți într-o pungă sigilabilă în vid. Eliberați aerul folosind metoda de deplasare a apei, sigilați și scufundați punga în baia de apă. Gatiti 30 de minute.

Când cronometrul s-a oprit, scoateți punga și puneți-o într-o baie de apă cu gheață timp de 5 minute. Se da la frigider pentru 3 ore. Se amestecă toate ingredientele pentru dressing într-un borcan și se agită bine. Se lasa la rece pentru un moment la frigider.

Amestecați rucola, nucile și brânza Grana Padano într-un castron. Adăugați feliile de piersici. Top cu dressing. Se condimentează cu sare și piper și se servește.

www.ingramcontent.com/pod-product-compliance
Lightning Source LLC
Chambersburg PA
CBHW070401120526
44590CB00014B/1205